日本軍兵士になったアメリカ人たち

母国と戦った日系二世

門池啓史

ミズーリ号調印

元就出版社

門池啓史氏への添え書き

作家・大野　芳

大東亜戦争が勃発したとき、最も複雑な立場におかれたのは、日系アメリカ人の二、三世であった。日本に留学中のものもいれば、アメリカで暮らしていたものもいる。父母・祖父母を日本人に持つ彼らは、否応なく日米の現地で召集されたり志願したりした。

作家山崎豊子は、彼らの複雑な立場を小説『二つの祖国』に描き出したが、あくまでも「小説」である。それをNHKが連続ドラマ化してアメリカに流したとき、一部米国在住の日系人のあいだから放送反対の運動が起きた。ドラマが実態と違っていたこともあったが、「アメリカ人」として暮らす彼らが誤解される惧《おそ》れがあったからだ。にもかかわらず、それが不発に終わった要因は、ドラマとして楽しんでいた日系人もいたからである。内心に違和感をおぼえながら、他人の体験として受け止めることができた。むろん他人事ではないが、身近に「違い」を見てきた彼らは、画一的でないことを認識していたのである。

本著『日本軍兵士になったアメリカ人たち』は率直な「個人史」である。しかも母国アメリカに弓を引く結果となった彼らは、祖国日本に対する忠誠心とのあいだで複雑にゆれる。ゆれながら、なおかつ「アメリカ人」であった。しかし、門池氏が冒頭で分類しているように、同じ「日系」でも色々なケースがあり、ひと括りにできない多様性を持っている。ひとりの体験が他の日系人と同じであるはずがないのである。

門池氏は、もともと実業界のひとであった。経営責任を後進にゆずったあと、彼は大学にもどって学び直している。同時に彼は、年来気にかけていた日系人の問題に取り組んだのであった。いかなる歴史も、記録されないかぎり忘れ去られる。そうした歴史の証言者も、年々少なくなる最後のチャンスに、彼は一念発起してアメリカ巡りを始めた。その数を重ねた成果の一端が今回の作品である。聞き直した量は、この何十倍もあるそうだ。

一読すれば、登場人物ひとりびとりの体験が大変なドラマを秘めていることがわかる。わたし自身、海外に材をとった作品を七、八冊書いているが、言語・風俗が異なる国を飛び回るエネルギーは想像を絶するものがある。それを門池氏が一冊の本にまとめ上げた労を多とし、これを踏まえた次の作品にも期待を寄せている。また、日米関係史に関心を持つ同学の士にとっても、これが貴重な一冊になるはずである。わたしはあえて本著に添え書きするのは、記録した最後のひとりまで纏めてくれるよう切望するからである。

日本軍兵士になったアメリカ人たち——目次

第二章──国内外の聞き取りから 36

日本軍兵士になったアメリカ人たち

――母国と戦った日系二世――

――一九四五年四月七日、九州南方海上にて散華された
カリフォルニア出身、倉本重明氏にこの本を捧げたい。

プロローグ

国際電話

一〇月初旬。あの暑い夏の日々も遠く過ぎ去り、車のサンルーフから見上げれば、薄い雲が細長く走っている。雲の向こうにはコバルトブルーの空が続く。

街の木々が紅く染まるまでのこの時期は、一年を通して一番気持ちのよい季節だ。

私は軽い昼食を終えると、いつものように車を走らせ、都心の高速道路をゆっくりと運転していた。

車内は私の好きなジャズが軽快に流れている。ピアノトリオが軽やかなリズムを刻む。自分にとってはいつもの時間である。

突然、助手席に置いた携帯電話が鳴った。私はとっさに、音楽の音量を下げると、携帯電話の画面を見た。

「通知不可能」

誰だろう？

非通知ならば国内からの電話であるが、通知不可能とは、通常海外からの電話を意味している。私は素早くハンズフリーを取りつけ、電話に応対した。

「はい、門池ですが」

と、いつもよりはっきりした言葉で私はいった。相手は海外からである、緊張の瞬間だ。

「私、アメリカの佐野ですが」

と若干低い声で、しかしはっきりとしたトーンで返事は聞こえてきた。それは年配者の声に聞こえた。

私は少し混乱していた。

間髪をいれず、

「この間はお手紙をいただきまして、ありがとうございました」

と続く。私は動転した。

いきなりのアメリカからの電話ではあるが、その電話の主は、つい最近手紙を送った相手、佐野ピーター巌氏であったのだ。

「私はあなたのお手紙を見て、びっくりしましたよ」

と佐野氏。正確な日本語である。

びっくりしたのは、私の方である。佐野氏は続ける。

「今時《いまどき》、こんなことに興味を持っている日本人がいるなんて思ってもみなかったです。それも戦争を知らない若い方が……、めずらしいんじゃないですか。何か、お父さまも戦争でずいぶんご苦労されたとか」

私は突然のことに戸惑いながらも、胸が躍る心境であった。

「いやー、佐野さん、本当に驚きました。ありがとうございます、嬉しいです」

と私は自分の気持ちを伝えた。

「近々、こちら（アメリカ）にいらっしゃるそうですね。ぜひお会いしましょう」

と、佐野氏は優しい言葉を私に投げかけてくれた。

その後、会話は少し続き、アメリカで会うことを約束し電話を切った。

車は高速道路の出口を降り、街の中心街に出た。そこには仕事に急ぐビジネスマンが足早に歩いていくのが見え、学校帰りの大学生たちの笑顔も見られる。

佐野ピーター巌

高層ビルの間からはくっきりと青空が見えたが、それはいつもにも増して、より鮮やかに私には映って見えたのだった。

佐野ピーター巌氏は、『シベリア抑留一〇〇〇日、ある日系二世の体験記』（彩流社、一九九九年）という自叙伝を出版した人である。

彼は日本からの移民の子供としてアメリカ、カリフォルニアで生まれ育ったが、戦前一五歳の時、子供のいない日本の親戚の養子になるべく来日した。そのまま戦争体験をし、終戦前には日本陸軍に徴兵され、挙句の果てには、あのシベリアに三年弱抑留されてしまった方である。

戦後、日本人と結婚しカリフォルニアに帰り、建築家として活躍した。彼の著書はアメリカでも英語で出版されている。

佐野氏から電話をいただく約一週間前、私は彼に長い手紙を送った。そこには私の自己紹介を書き、日本軍兵士になったアメリカ人になぜ興味を持ったかをも述べた。そして私の父の悲惨な戦争体験も書き、それが私を戦争に関心を強く持たせた理由である、ということも書いた。

最後に、ぜひ一度お会いし、話を聞かせていただきたいという主旨も書き添えた。私の「日本軍兵士になったアメリカ人」への思いは、佐野氏の電話によって現実味をおびるのであった。

日本軍兵士になったアメリカ人と会いたい、そして当時どんな思いであったのか。私は二〇年以上、知りたかった。それは私にとって、ライフワークとなった。

今、長年の思いをかけた未知の扉がまさに開こうとしているのであった。

日系人との出会い

一九八〇年代、私は日系アメリカ人と日系ブラジル人の若者たちと非常に親しく交流をもつ機会があった。両親、あるいは祖父母は日本人であり、彼らはいわゆる日系二世か三世である。日本には留学や研修目的できており、滞在は一年から数年であった。

若かった私は彼らと頻繁に会っては、いろいろなことに関して語り合ったものだ。

とりわけ、私は彼らの持っている日本人としての顔と、外国人としての顔の二面性に関して大変興味を持った。

日系二世、三世たちは母国アメリカやブラジルでは、非日系人から一般的には、「日本人」と呼ばれていることが多かったようだ。個人差はあるが、とりわけ彼らは概して家庭では日本食をよく食べ、親、祖父母たちからは日本的な教育を受けたり、会話は時々日本語であったり、日本人としての自覚が強かったようでもある。

一世と呼ばれる親たちは、純日本人であるが、彼らは数十年前の日本の文化、思想などを移民先にそのまま持ちこんでいる場合が多く、ある意味では古い日本を保持している人々であった。彼らの子弟には現在の日本ではなく、古い日本そのものを教育した場合が多々あった。よって子弟たちには日本に対するある種のイメージができあがっていた。それは心優しい日本人であり、美しき日本であった。

しかし、多くの二世、三世たちは、来日ししばらく時間がたつと、あることを悟る。それ

は、実は、

「自分は日本人ではなかった」

ということである。

自分は日本人とは明らかに違っていると感じるのだ。

家族から聞いていた心優しい人々とは違い、日本人はいつも仕事に忙しく、他人に無関心で、彼らには「冷たい日本人」と映ることもあったようである。なかなか、日本人と親しくなれない自分に気づくのであった。

そんなよそよそしい日本人に、多くの日系人たちは失望した。

彼らが聞いていた日本人像とはかけ離れていて、自分とは違う人種だと感じるのであった。母国では「日本人」といわれ育ってきた彼らは、自分のアイデンティティを見失ったようだ。個人差はあるかも知れないが、滞日期間を終えて「失意の帰国」を果たす若者も多く見受けられた。

このような日系人たちを見るに及んで、私は何ともやるせない気分に陥った。なぜなら、彼らはみな大変心優しく、温かく、日本人が忘れたような素朴さを持っていたからであった。

日本軍に徴兵された日系アメリカ人

私の父は太平洋戦争中、日本陸軍兵士としてニューギニア戦線で戦った。しかし日本からの弾薬も食料も途絶え、圧倒的な物量を誇るアメリカ軍の前に絶望の戦いを強いられた。兵士たちは痩せこけ、父の体重は四〇キロを切っていた。多くの戦友は死んでいったが、父は九死に一生を得てからくも帰還した。

戦後生まれの私には想像を絶する苦労があったと思われるが、父は私が幼少の頃より、そんな戦争体験を私にたびたび語ってくれた。私は父の過酷な体験を聞くに及んで、太平洋戦争そのものに強い関心を寄せるようになり、戦争に関する書物、雑誌を乱読して育った。他の若者より、戦争に関する思いは非常に強かった。

日系人たちと交流していたその頃、長編小説『二つの祖国』（山崎豊子著、新潮社）が発表された。これは、日系アメリカ人二世が太平洋戦争に巻きこまれていき、兄弟がアメリカ軍、日本軍とに分かれて、戦場で戦ったというものである。一九八四年には、一年間、NHKの大河ドラマとして毎週放映された。

一番私が動揺したのは、準主役の置かれた設定だった。アメリカで生まれ育った彼は、日本に滞在中日本軍に徴兵され、そして過酷なフィリピン戦線で母国アメリカと戦う。

私はなぜこのようなことが起こってしまったのか、理解できなかった。彼は日系ではあるが、れっきとしたアメリカ人だ。母語は英語である。たまたま日本に留学していたというだけで、日本軍に徴兵されてしまったのである。かたや、主役である兄はアメリカ軍に入隊して日本と戦い、挙句の果てにはフィリピン戦線で弟を撃ってしまう。そんなことが、この世の中にあってはならないと私は思った。

1945年出撃前の倉本重明

月日は流れ、バブル景気を経て、日本も不景気にあえぐようになった一九九五年、私は自分の人生を大きく変える一冊の書物に出会った。

それは『帝国海軍士官になった日系二世』（立花譲著、築地書館）というノンフィクションの書籍である。これは前述の小説の準主役と似たような運命をたどった、ある日系アメリカ人のライフヒストリーである。

主人公の山田重夫はアメリカの高校を卒業後、留学のため来日し慶応大学に入学するが、学徒出陣にて日本海軍に徴兵された。

国内で米軍電信傍受などの任務を経て、一九四五年四月、戦艦「大和」を旗艦とした日本海軍最後の捨て身作戦参戦のため沖縄へ向かう。

巡洋艦「矢矧《やはぎ》」に乗った山田は、同じく日系二世で明治大学に留学中の倉本重明とともに、電信傍受の任務に就く。

圧倒的なアメリカ航空隊による攻撃のため、「大和」はじめ、多くの艦船は沈み、山田と倉本が乗船していた「矢矧」も沈んでしまう。

何とか、二人は船から脱出し海上に浮かび、救助を待っていた。その時、二人をアメリカ軍の戦闘機が襲い、機銃掃射で水しぶきが上がった。

倉本は頭を機関銃でふっとばされ、海底へ沈んでいった。

倉本は母国アメリカの銃弾に倒れ、同僚の二世の前で壮烈な戦死を遂げたのだった。


私は倉本の死が理解できなかった。

アメリカで生まれ育って、アメリカ国籍も有しているのに、なぜ母国に殺されなければならないのか。頭で理解できても私の心では理解できないことであった。

一体、倉本はその時どんな気持ちであったのか。現在、彼はどんな気持ちで、沖縄の海の底で眠っているのか。

私は彼の心が知りたかった。知りたくて知りたくて、仕方がなかった。

そして、目の前で戦死した倉本を見届けた山田は、どんな気持ちで戦後を過ごしたのか、彼の心も知りたかった。


私はかつて、親しく交流した日系人たちが日本に失望したという事実を見た。かたや、戦前来日した日系アメリカ人たちは、日米戦争で祖国と母国の間に立ち、どんな思いをしたのであろうか。私の知り合った日系人などとは比較にならないほどの辛い思いをしたことであろう。

彼らが生まれ育った母国と戦わざるを得なかった心情を思うと、私はいてもたってもいられなかった。

私は渡米して同じような運命をたどった日系アメリカ人たちに会い、彼らの心情を知りたいと思った。

そして、経営していた会社を知人に譲り、それらの私の切望は叶えられたのであった。

第一章――時代に翻弄された日系アメリカ人

1　日系アメリカ人と太平洋戦争

強制収容

明治元年（一八六七年）より、日本人のアメリカへの移民は始まった。アメリカに併合される以前のハワイに日本人は農業移民として多く渡り、後にアメリカ本土に多く渡った。その多くは、西海岸三州（カリフォルニア州、オレゴン州、ワシントン州）に定住し、幾多の苦労の末、日系人としての地位を確保し、生活の安定をみるようになった。

しかし、一九四一年一二月八日（アメリカ日は一二月七日）、日本帝国海軍航空隊のハワイ真珠湾攻撃によって、日米開戦という日本人移民にとっては思いもせぬ歴史的運命が降りかかったのである。

日系一世、つまり日本人の母国である日本と、移民先のアメリカが戦争状態に突入してしまい、日系人にとっては移民の歴史上かつてない、悲惨な試練を強いられることとなった。

一九四二年二月、アメリカ西海岸三州（ワシントン、オレゴン、カリフォルニア）とアリゾナ州の南半分を軍用地と指定し、その地域からは日本人の血が一六分の一以上流れている者はすべて立ち退きを命ぜられた。これは大統領命令からなる「行政命令９０６６号」と呼ばれる政令である。一六分の一以上の血とは、当然アメリカ国籍を所有する一世の子弟たる二世（一部は三世）にもあてはまり、それは西海岸に住むすべての日系人一一万人強すべての締め出しを意味した。

立ち退きの代償として全米一〇か所に転住センター（＊relocation center＝一般的には強制収容所と呼ばれている）を設置し、ここに日系人を転住させた。しかし、転住とはいえ実態は強制収容であった。一世たる日本人はもちろん、アメリカ国籍者たる二世、三世をも強制収容させたことは、戦後大きな波紋を呼ぶこととなる。

しかしながら、当時敵国であったドイツ系とイタリア系の住民は一部を除いて強制収容されなかった。これらの強制収容所は軍管轄であり、一般の日系人のための収容所であったが、一部の危険分子と見られた日系人は全米三か所にあった司法省管轄の強制収要所に収容させられていた。一部の危険分子とは日系人各団体、各組織の幹部や仏教関係者などを意味している。

遠く日本から移民し、数々の心労にも耐え、新天地アメリカでの生活を確立した一世であったが、このような強制収容によってほとんどの財産は没収に近い形でなくし、長年の苦労は報いられことはなかったのである。

戦後、米国日系人市民協会（JACL＝Japanese American Citizen's League）が中心となって、この強制収容の補償をアメリカ政府に訴えた結果、一九八八年、政府は強制収容されたすべての日系人に対して全面的に謝罪した。そして、一人あたり二万ドルを賠償金として支払うことで合意したのであった。これらの運動は「リドレス」と呼ばれている。

日系人部隊

戦前、ハワイには千数百人からなる日系二世部隊が存在した。

一九四一年一二月七日、日本帝国軍海軍の真珠湾攻撃による日米開戦により、事実上この部隊は解隊された。

一九四二年五月、ハワイ日系二世だけによる部隊が再び編成され、これは後の「第一〇〇大隊」となる。この大隊は総勢一四〇〇余名からなり、大隊長と中隊長は白人だが、小隊長以下全員は日系二世から成り立っていた。

一方、アメリカ本土のほとんどの二世たちには強制収容されていて、本土の日系人には兵役に就くことが禁止されていたが、一九四三年一月、これは解除された。同年二月一日、本土の日系二世のみからなる「第四四二連隊戦闘部隊」がキャンプ・シェルビー基地で生まれた（渡辺正清『ゴーフォーブローク』二〇〇三年、四五頁を参考とした）。

第一〇〇大隊は一九四三年秋、イタリア戦線へ出兵し、モンテ・カシノにて多くの死傷者を出しながらも敵を打倒し、非日系人兵士から一目を置かれることとなった（第一〇〇大隊は後に四四二部隊と合流吸収される）。

一方、四四二連隊は一九四四年夏、イタリアへ出兵する。その後フランスのボージュと呼ばれている山中で、ドイツ軍に包囲され絶体絶命状態であったテキサス一四一歩兵大隊を救出して、大功績をあげた。

このボージュでの戦いは壮絶を極め、多くの二世は戦死した。たとえば、約五〇名からなる小隊は小隊長以下ほとんどが戦死し、生き残ったのはほんの数名という悲惨な状況であった。テキサス大隊二一一名を救うために、日系人兵士からは一四〇名も戦死者を出し、七〇〇人近い負傷者を出したことは皮肉な結果となってしまった。

第二次世界大戦全体でのアメリカ軍兵士の戦死率は五％台であったが、この四四二部隊だけに関しては、合計約二〇〇〇人の戦死者を出し、戦死率は二八％にも上ったといわれている（竹沢泰子著『日系アメリカ人のエスニシティ』一〇九頁を参考とした）。

一九四五年終戦直後、四四二連隊は、首都ワシントンに凱旋帰国し、多くの一般アメリカ人の祝福を受けることになる。

当時のトルーマン大統領は式典で、

「諸君は先の戦争で二つの敵と戦った。一つはドイツ軍であり、もう一つはアメリカ国内での日系人に対する偏見との戦いである。そして諸君はどちらの戦いにも勝利したのだ」と演説した。

日系人兵士たちは、「自らの命と引き換えにアメリカという国に忠誠を誓ったのだ」といわれている。

MISLS（陸軍情報局語学校）

一九四一年七月、米陸軍省は兵籍登録していた三七〇〇人の日系二世に面接した。同年一一月、サンフランシスコの金門橋の下、プレシデオにて陸軍省は対日戦争に備えて情報部語学学校（Military Intelligence Service Language School、通称＝MIS）を設立した。後にMISはミネソタ州キャンプ・サベージに移転したが、多くの二世が入隊し、その数は五〇〇〇人を超えた。

彼らは主に太平洋戦線に出兵し、日本軍捕虜尋問、降伏呼びかけ及び降伏文書作成、日本軍から得た多くの作戦資料の解読、その他に活躍した。彼らは最前線には出たが、日系人ということで直接銃を持ち日本軍と戦ったことはあまりなかった。

二世の中には、かつて日本で教育を受けた多くの帰米二世が含まれており、彼らの日本語能力は高く評価された。しかし、戦場では自分がかつて居住した日本の兵隊と戦うことへの抵抗感を感じていた者もいたといわれている。中には、兄弟でそれぞれ日米両軍に従軍し、太平洋戦線で面と向かう可能性もあったのである。

2 帰米二世

帰米二世という言葉は、日本ではほとんど知られていないが、アメリカの日系二世は誰もが知っている言葉である。「キベイ」と日本語のまま発音している。

明確に定義されている言葉ではないため、一言で帰米二世といっても、様々な意味を内包している。しかし帰米二世とは一般的に、

「日本人移民の子供としてアメリカで生まれたが、戦前、幼少期及び青年期に日本で教育を受け、そして戦前アメリカへ帰国した人々」

と解釈されているといってよいだろう。

一九三六年（昭和一一年）六月一〇日発行の日米新聞によると、「日本にある米国で生まれた青年は米国市民には相違ないが、事実においては幼少より純日本の教育を受け、思想においても其他においても、日本的で全然米国魂なるものを持ち合わない……」と表現している。

帰米二世のほとんどは日本人移民の二世世代にあたるが、ごく一部、三世世代も含まれる。

しかし実際、帰米二世といっても彼ら、彼女らが日本に渡った時期は様々である。アメリ

カで生まれてすぐ両親などに連れられた者、幼少期にいった者、あるいは高校、大学までアメリカで育った後、来日した者などなど多岐に渡る。滞日期間も千差万別で数年から十数年であったり、戦後何十年も経てからアメリカへ帰国した者まであったりといろいろである。

あえて「帰米二世」の概念を述べるならば、以下のように記述できよう。

(1) 戦前アメリカで生まれながらも、幼少期に日本に渡った。

(2) 小学校は日本で終了し、一〇台半ばか、後半の時アメリカへ帰国した。帰国時期は太平洋戦争勃発(一九四一年一二月)以前である。

(3) 例外も多いが、日本語が彼らの母語であり、英語はあくまでも第二言語で、彼らの英語の発音は日本人的である場合が多い。

(4) 戦前日本の軍国全体主義的教育の影響を受けたためか、彼らの精神的背景は日本人的要素が強い。

(5) 日本とアメリカで育ち、しかもその二つの国が交戦したという歴史があり、その精神土壌は複雑である。

アメリカへ渡った日本人一世に対して、その子弟は二世と呼ばれることは周知の事実であるが、アメリカの日系人の間では、二世でも「純二世」と「帰米二世」とに別れて呼ばれていることが多い。二世の中でも帰米はある意味では、特別視されている傾向にあるといってよいであろう。

よって二世とは「純二世」「帰米二世」とに分類することも可能である。帰米二世は二世全体の二〇~二五%に相当すると推測される。渡米した一世たちの子供たちは、一九二〇年前後に多く生まれた。二世たちが来日し教育を受けた理由、事情に関しては様々であるが大別して左記が挙げられる。

(1) 家族全員による日本への帰国

一九二四年に制定されたいわゆる「排日移民法」にはじまる一連の日本人差別に対して、アメリカ生活に見切りをつけて帰国する者も多かった。彼らの子弟は必然的に両親の母国に渡るのである。あるいは、親のどちらかの死去により一家全員、帰国する場合も多々あった。しかし結果として後日、子供だけ帰米する例が多く見受けられる。

(2) ドルと円との為替差異

戦前のアメリカドルは円に比べ非常に強く、アメリカで稼いだドルで比較的容易に子弟たちを日本に送り易かった。

(3) 宗教団体の勧誘

仏教関係の宗教各種団体の熱心な勧めもあり、日本の高等教育機関への留学勧誘があった。

以上が、日本で教育を受けた直接的な要因と考えられる。一方、心的な要因として左記が挙げられる。

(4) 日系人への差別

アメリカでは何かと差別され、大学を卒業してもよい就職先が見つからなかった二世たちの現実があり、それならば日本で教育を受けさせ、あわよくば日本で就職が可能ではないか、という親や子供の希望があった。

(5) 日本の国際舞台登場に伴う憧憬

一九三一年に始まる日中戦争、国際連盟の脱退などで、当時日本は国際的にも注目され、遠くアメリカから母国日本への憧れが次第に強くなっていった。

(6) 日本的教育

移民した多くの一世たちの学歴は他の日本人同様に低く、子供たちには高等教育を受けさせたいという願望と、子供たちには日本的教育を受けさせたいという親たちの切望があった。それは遠く日本を離れたが故の日本への郷愁が根底にあったと思われる。とりわけ女子に関しては、日本の女子教育を受けさせたいという願望が強く見られた。

このように、戦前、多くの二世たちは様々な理由、事情により来日し、長期間滞日した。

3　二重国籍問題

国籍取得に関し、日米両国は現在でも異なる法体系の下にある。現在でも日本は「血統主義」といい、両親のどちらかの国籍を子女は継承することとなる。

これは明治二三年（一八九〇年）に定められた、旧民法民事編第二章「国民分限」からなり、明治三二年（一八九九年）国籍法として制定された。当時は父親の国籍（＝日本）を継承することに定められており、海外で生まれても、父親が日本国籍者であれば、日本国籍を有することとなる。

これに対して、アメリカでは「属地主義」とも「生地主義」ともいわれているように、アメリカで生まれれば、両親がどこの国籍を保有しようと、すべてアメリカ国籍を有することができるのである。これは、アメリカ合衆国連邦憲法修正一四条の規定による。このため、アメリカ生まれの日本人一世の子供は、アメリカ国籍を有するとともに、日本国籍を有することとなった。いわゆる二重国籍者である。

また、アメリカ国籍の離脱は戦争中においてはできないと規定している。一方、日本の国籍法によっても、一七歳以上の男子は兵役に服務しない限り、日本国籍を離脱することはできなかった。日米とも国籍法においては、いずれも戦争や兵役が離脱条件に深く係わっているのである。

大正一三年（一九二四年）一二月、日本の国籍法に改正が実施された。それまで、海外で生まれた日本人の子弟は自動的に日本国籍を取得したが、生後一四日以内に内務大臣（あるいは、現地の日本政府の出先機関）に届出をしない限り、日本国籍を保有することができなくなったのである。つまり、アメリカで生まれても、日本政府に届出をしなければ日本国籍者とはならないのである。と同時に、男子においては兵役に服務しなくとも、日本国籍の離脱は可能となった。

この法改正は海外における、アメリカ、カナダ、ブラジル、アルゼンチン、ペルー、メキシコといった日本人の移民した国で施行されることとなった。

しかし実際、二重国籍者は非常に多く、一九三一年一〇月の調査によれば、ハワイの二世の七八％は二重国籍者であったといわれている。一九二四年以前生まれの二世たちにとって、日本国籍離脱は諸手続きの煩雑さが手伝って、多くの二世は二重国籍を留保したままであった。

現実問題として、二世たちにとって二重国籍は大した問題ではなかった。二重国籍であろうと日常の生活は何ら問題なく過ごすことができたからである。

しかし、後に日米戦争が勃発すると、二世たちには徴兵という深刻な問題が噴出してくるのである（粂井照子共著『戦争と日本人移民』第三章を参照とした）。

4　滞日二世の実数

戦前多くの日系アメリカ人は様々な事情で来日したが、その実数を明確に示す公式な資料は現在存在していない。本書でその詳細を記すことは省くが、書籍などでその概算の数が記述されている。

多くの二世たちが来日したのは昭和の初め（一九二〇年代後半）からと思われるが、その数は全体で五万人くらいと推定される。中には観光、里帰りなどの目的の短期的滞日も含まれるであろうが、その多くは教育のためと思われ、長期間の滞日であったと考えられる。

しかし日米外交がこじれ、国際的にも孤立化しつつあった日本を危惧し、一九四〇年から開戦直前までの期間に多くの二世は帰米した。太平洋戦争が勃発した一九四一年一二月以降、戦中は帰米することは事実上不可能であったため、多くの二世たちは足止めをくうことになった。

よって、多くの二世が戦中日本にいたことが推定される。また、聞き取り調査において、広島に一〇歳時に渡ったシアトル出身の二世、フランク福原氏は、

「戦争が始まってすぐの翌年の正月（一九四二年一月）に、広島の日系人関係の偉い様が、日米戦争勃発により多分二世は動揺してるだろうから、広島市内のどこかの広場に二世を集

めたんですよね。どこの広場だったか忘れたけど、どこかの競技場だったような気もするけど、その偉い様は、当時広島には三〇〇〇人くらいの二世がおるっていうんだよね。当日いってみたら、たくさんの二世が集まってたよね。でも三〇〇〇人はいなかったと思う。しかし、一五〇〇人くらいは絶対いたよね、いやもっと集まったかもしれないね」

と証言している。

また、米国原爆被爆者協会の名誉会長である、倉本寛司氏は、一九九九年一〇月、『在米被爆者問題を考える集い』で次のように述べている。

「広島は移民県だったのです。その広島に戦争中、我々の推定では五〇〇〇人の二世がいたと思うのです」

これらの証言によっても一九四二年、当時広島県内だけでも三〇〇〇人から五〇〇〇人の二世がいたことになる。もちろん広島はアメリカへの移民が一番多かった県であるため、必然的に二世が多かったこともあるが、全国的レベルで考えても一万人以上の二世が戦中在日していたと推定可能である。

詳細は省くが、私の調査により太平洋戦争中、日本には一万数千人以上の日系アメリカ人が滞在したと思われるのである。

5　日本軍に兵士になった二世の数

「日本軍兵士になった日系アメリカ人」は一体、おおよそ何人くらいが存在したのであろうか。これに関する正式な文書も、これに言及した書物も私の知る限りまったく存在していない。よって確かな数字を挙げることは不可能である。しかし、推定ではあるが、その数を挙げてみることとする。

戦前約五万人の二世たちが様々な事情、理由で来日したと思われる。そして戦中約一万数千人の二世が日本に在留していたことが推測される。その中でも、徴兵及び志願の対象となるのは男性に限られ、滞日二世の男女比率に関しても断定は困難であるが、少なくとも男性の方が女性を上回っていたことは諸文献から読み取れる。以下、日本軍に徴兵された、あるいは志願した二世たちの条件を列挙してみることとする。

(1)　戦中の滞日二世の数＝一万五〇〇〇人前後
(2)　その内半分以上は男性と推定＝八〇〇〇から一万人
(3)　戦中の日本軍の徴兵年齢は二〇歳、昭和一九年途中から一九歳に下がる。
(4)　二重国籍者は二世の半分以上であったと推定される。あるいはアメリカ国籍を離脱した二世も多くいると思われる。

この中で、徴兵年齢以上の二世の割合はどのくらいであったのだろうか。アメリカで二世が生まれたそのピークは一九二〇年から一九二五年である（The Japanese American Family in World WarII　レナード・ブーム　一九五六年）。

単純にこれを滞日した二世にも置き換えると、一九四一年の開戦から終戦の一九四五年の間には、彼らはちょうど二〇歳前後となる。つまり、二世の多くは徴兵義務を負う年齢なのである。戦中滞日していた男性二世、推定八〇〇〇から一万人のうち、半分が徴兵年齢に達していたとすれば、その数は四〇〇〇から五〇〇〇人である。その中でも二重国籍者や、アメリカ国籍離脱者は少なくとも半分以上と見積もるとする。

以上を考慮した上で、日本軍兵士になった二世の数はおおよそ、三千人くらいではないかと推定するものである。

このように戦中日本にいた多くの日系二世たちは、自己の意志とは関係なく日本軍に従軍し、自分の生まれた国アメリカと戦うことになってしまったのだ。

第二章——国内外の聞き取りから

1　母国の銃弾に倒れる

斎藤ベン孝雄

サンフランシスコからベイブリッジを渡るとオークランドがあり、その隣にバークレーがある。サンフランシスコから車で一時間もかからない距離だ。ここはカリフォルニア大学の本校があることで有名である。バークレーといえば、大学を意味することが多いほどである。

大学の裏には小高い山々が続いている。斎藤の自宅はこの山の中腹にある。私が斎藤を訪問したのは、カリフォルニアらしい青空が眩しい秋の日であった。

玄関でベルを鳴らすと、奥さまが笑顔で対応してくれた。その立ち居振る舞いと日本語が完璧なことから、私は彼女が日本人であると直感した。

広い居間に通されると、斎藤はゆっくり歩いてきた。二年前、脳梗塞で倒れて以来、歩行に少し障害があるのと、少し言語障害が残っているとのことだ。しかし、見た目は若く八〇歳とは思えなかった。

居間からは遠く海が見えて、非常に景色がよい。庭にはリスが走っているのが見える。

福島、そして東京へ

斎藤ベン孝雄は一九二二年（大正一一年）四月、ワシントン州シアトル市のチャールズ街で父、喜七と母、ミネとの間に長男として生まれた。

シアトルは現在、アメリカの大リーグで活躍している野球選手イチローが所属している球団、マリナーズのある場所だ。両親は福島県安達郡二本松町（当時）出身である。

斎藤は地元の小学校に通う一方、他の日系二世たちがそうであったように、日本人学校へも通った。そこでは日本語を中心に勉強するが、一生懸命勉強する二世もいれば、親に半ば強制的に通わされている子供もたくさんおり、日本人学校に通うのは多くの少年、少女たちにとってそれなりに大変だったと思われる。ましてや地元の学校の授業後、日本語学校に通うのは、楽ではなかったことであろう。

当時のシアトルには多くの日本人が移民しており、その子弟が通う日本語学校の規模も大きかった。斎藤によると、シアトルの日本人学校には一〇〇〇人くらいの二世たちが学んでいたという。校長は広島高等師範学校出身の教育者で、他にも東京高等師範学校出身者も多

斎藤ベン孝雄

くいた。

斎藤はここで学んだおかげで、カタカナ、ひらがなはすべてマスターし、漢字もそれなりに理解した。会話に関して、自宅では通常両親とは日本語で会話しており、簡単な日常会話に関しては日本語もあまり不自由はしていなかった。これは他の二世にも共通していえることかもしれない。

一九三四年（昭和九年）、斎藤の両親は子供たちに日本での教育を受けさせることを決意した。父一人がアメリカに残り、斎藤は二人の姉や妹とともに母に連れられて福島に渡った。なぜ日本にいったか真意は定かではない、と斎藤はいう。一二歳の春であった。

戦前、アメリカでは日本人及び日系人は様々な形であからさまな差別を受けていた。

「戦前はとにかく日系人はここ（アメリカ）では差別されていて、バークレー（カリフォルニア大学）を卒業しても、せいぜいスーパーのレジくらいの仕事しかないんですよ。まったくいい職につけないんで、それなら日本で教育を受けて、日本社会に溶け込んだほうがいい、と多くの日系人は思っていたんです」と斎藤は語る。

カリフォルニア大学とはアメリカ西海岸を代表する名門大学であるが、当時はいかに高学歴を得ようと、日系人にとって社会での出世の道は固く閉ざされていたようである。

来日後、福島県の二本松町（当時）に一家は居住した。地元の尋常小学校に通うことになるが、斎藤は他の生徒のみすぼらしい服装にまず驚いた。どれもたくさんの破れを補修した跡があり、靴といえば穴の空いたズック靴をみな履《は》いていた。斎藤が立派な革靴を履いて登校すると、生徒はみなじろじろとぴっかぴかの靴を見るのだった。

「革靴なんて誰も履いてないでしょ。ただ一人履いている生徒がいたんですがね、彼は靴屋の息子なんですよ」と斎藤は笑う。

しかし彼が一番面食らったのは、福島の方言だった。シアトルの日本人学校では標準語を習っていた。両親の福島弁は聞いてはいたが、実際まったくの福島弁の中に入ると、何を喋《しゃべ》っているのか非常に理解に苦しんだ。

「いや、両親から福島弁は聞きなれていたつもりだったんだけど、学校にいくとほんとに分からなかったですよ。とても日本語と思えなかったくらいです」と当時を思い出す。

しかし、アメリカからきた一風変わった転校生に対し生徒たちは興味を示したが、いじめのようなことは決してしなかった。

尋常小学校卒業後、地元の安達中学（旧制）に進学するが、二年生の時、アメリカ人牧師が東京の青山学院中学への転入を勧めた。アメリカ生まれで英語が堪能な彼には、英語教育に熱心な青山学院が向いていると牧師は判断したのかもしれない。

ともかく斎藤は、青山学院中学二年生に編入することができた。東京の母の親戚宅から通うこととなった。

当時、青山学院にはアメリカ生まれの二世が二〇人ほど在籍しており、彼らとはよく交流した。やはり他の日本人と異なり、アメリカ生まれという境遇が二世同士を仲良くさせたのかもしれない。

その頃、斎藤は日本語は書くことも読むことも不自由なくできていたので、他の日本人生徒同様に授業にはついていくことができた。しかし一番楽しかったのはやはり、英語の授業だった。かつて使い慣れた言葉を自由に操ることができるし、発音は日本人とは異なり本場仕込みであるため、教師も一目を置いていたようだった。

持ち前の英語力にさらに磨きをかけるため、斎藤は中学卒業と同時に、青山学院大学専門部英文科に進学した。

一九四一年（昭和一六年）四月、日本はまさに軍国時代。不穏な空気漂うそんな時代に、一九歳になった斎藤は大学生活を始めた。

徴兵される

斎藤にとって後に運命を変えてしまう出来事が起こる。

彼は近い将来アメリカへ帰国する希望を持っていたため、日本国籍離脱を考えていた。同時にアメリカにいた父、喜七も日本にいる徴兵年齢に達した息子が日本軍に徴兵されるのを恐れて、シアトルの日本領事館に斎藤の日本国籍離脱を申請したのである。

時は昭和一六年七月、まさに風雲急を告げる日米開戦五か月前だった。

現在は役所業務もすべてコンピュータで事務処理されるので、国境を越えても何事も瞬時に処理されるのが常である。しかし、戦前すべての事務処理は人間の手によってなされ、郵便も船便が主体であった。

父が国籍離脱を申請したのは事実だが、それはシアトルの領事館でであり、斎藤の戸籍がある福島までその連絡が届くのはかなりの日数を要した。届出後、間もなくして日米戦争が勃発したため、その書類が福島へ届くのは戦争も終わった昭和二一年の暮れ、五年半後のことであった。

戦前日本では、二〇歳になれば一部学生などを除き、男子は誰でも徴兵から逃れることはできなかった。徴兵は戸籍に基づいて行なわれるので、斎藤のように戸籍から抹消された者が徴兵されることはない。しかし開戦をはさみ、斎藤の国籍離脱の事務処理は大幅に遅れることとなり、後に徴兵令状が斎藤の元に届いてしまうのである。

一九四一年(昭和一六年)一二月、日米開戦によりアメリカ在住の父からの送金は途絶えたため、斎藤は生活のために東京の赤十字社で働いた。

ここでは、主に英語の書類の作成から翻訳までを業務としたが、他にもアメリカやカナダ出身の二世たちが、その英語力を生かしてたくさん働いていた。給料は当時の大卒と同じくらいの月七五円であり、生活するには十分過ぎるものであった。

開戦当初優勢を誇った日本軍も、昭和一七年六月のミッドウェイ海戦において思わぬ大敗

斎藤ベン孝雄。青学時代、赤十字にて仕事

北を喫して以来、次第にアメリカ軍の攻勢の前に劣勢を余儀なくされた。昭和一八年一〇月、大本営はそれまで大学生（専門学校生も含む）に徴兵の猶予をしていたが、二〇歳以上の文科系学生にも徴兵の義務を課した。

これが有名な、いわゆる「学徒出陣」である。全国の数万人の大学、専門学校生は徴兵されることになり、斎藤にも徴兵の令が下る。本来なら昭和一九年三月に青山学院大学専門部を卒業するところを、繰り上げ卒業により昭和一八年一二月、日本陸軍に入隊することとなった。

一二月一日、斎藤は臨時召集現役兵として、陸軍第二航空教育隊に入隊した。

早速、福島県郡山市航空隊に配属され初年兵教育を受けるが、他の新兵が誰でもそうであったように、上官から過酷な教育をされ毎日が必死であった。陸軍は旧制中学卒業以上の学歴があれば、誰でも幹部候補生の受験資格があったため、斎藤は翌年（昭和一九年）二月、第一種幹部候補生試験を受け、これに合格する。

この第一種幹部候補生とは将校になることを約束されており、昇進も非常に早く斎藤も安堵したものであった。ましてや前線で多くの将兵は戦死しており、軍では将校、一兵卒も大変不足していた。

徴兵された当時を振り返り、斎藤はため息交じりで語る。

「徴兵は仕方ないと思ったです。国籍離脱届けを出したことは（アメリカにいる）父から知らされていましたが、何せもう日米戦争でしょ。離脱が日本まで届いているかどうかなんて、まったく危うかったですから。戦争は殺し合いなので、喜んでいくなんて思ってはいなかったけど、（日本）政府の命令なので従う他はなかったです」

フィリピン戦線へ

福島での厳しい初年兵教育を受け、航空機の整備を主に担当した斎藤は、昭和一九年一〇月、軍曹に昇進すると同時に陸軍第四航空隊に転属される。

この隊は一〇月末にはフィリピン戦線に向かうため、広島の宇品港への集結を命ぜられた。しかし、南方に向かうことは連絡されたが、具体的にどこへいくかは乗船後しばらくしてから知らされた。兵隊たちの間ではボルネオ（現在のインドネシア、カリマンタン）へいかされるとの噂がしきりにあった。この頃、南方の制海空権は完全にアメリカ軍に支配されており、いたるところに潜水艦が日本の艦船を待ち伏せしていた。斎藤はいう。

「何せ、アメリカの潜水艦がうようよいるもんだから、魚雷攻撃から逃げるため船はジグザク運転で進むでしょ、なかなか目的地に着けないんですよ。寝ていても、いつ魚雷でやられるか心配で心配で、気が気ではないんです」

兵士を運ぶ輸送船は、護衛してくれている駆逐艦や海防艦が頼みであった。が、その護衛艦も数が不足していて、多くの輸送船が米軍の潜水艦によって沈められた。

寝るに寝られない一か月の船旅の後、一九四四年一二月の終わり、ようやく斎藤たちは、フィリピンの北フェルナンドに何とか上陸することができた。

「ああようやく上陸か、命がつながったわと安堵したんですが、上陸してみるともう、日本軍は圧倒的にアメリカに押されているわけですよ。日本軍将兵を見ても疲れ切った顔をしているし、いいものを食ってないんでしょうね、みな痩せこけているんですよ。えらいとこにきちゃったな、というのが上陸の第一印象です」

斎藤がいうように、昭和一九年終わり頃のフィリピン戦線では、圧倒的な物量を誇るアメリカ軍の攻勢に日本軍はなすべくもなく撤退せざるを得なかった。多くの将兵は山岳に撤退したが、そこには食物もなく、銃を持って戦う前に毎日の食料探しに追われる日々であった。

このような苦境の中、斎藤たちの大隊はマニラの北東二〇キロにある、陸軍マリキナ航空隊基地に配属される。近くにあったマリキナ小学校を接収して宿舎として使用した。

部隊には斎藤と同じく幹部候補生上がりの若い学徒兵が多く、多くの指揮官は戦死して指揮系統は明確ではなかった。

「一体、誰が自分の上官であるのかよく分からないんです。幹部候補生上がりの実戦経験のない兵が多いもんだから、指揮系統がめちゃくちゃで、どうなってんだかよく分からないんですよ」と当時の混乱ぶりを語る。

指揮官も不在で斎藤たちは混乱していたが、生きるためにはみな必死だった。

頻繁にアメリカ航空機による爆撃は繰り返されたが、日本軍は耐えに耐え何とか基地を保持していた。

もはや残存する飛行機もほとんどなく、航空隊としての役目はなきに等しい状況になっている頃、一九四五年三月、アメリカ軍は攻勢に出てきた。それは斎藤が軍曹に昇進した五か月後のことであった。

母国の銃弾に撃たれる

斎藤は航空隊の飛行機整備を担当し、主に航空機用の機関銃の修理、点検を行なっていた。指揮系統はないも同然の状態となってしまい、武器、弾薬、食料の補給も途絶え、傷ついた多くの兵士は栄養失調のため死んでいった。

日本軍内部でも食料の奪い合いが発生し、時には食料のために味方同士の殺し合いとなることもあった。敵と戦う前に、もはや日本軍内部でも地獄の様相を呈している。斎藤は苦々しい顔でいった。

「もう、敵とドンパチやる前から、味方同士で戦争やってるようなもんですよ。食料のありそうな中隊を見つけては、襲いにいくんですから。それはおぞましいけど、人間生きるか死ぬかとなってはもうモラルなんてないですね。恐ろしいです……」

一九四五年三月八日、早朝からアメリカ軍はいよいよ陣地に迫ってきた。斎藤の所属する中隊は基地から少し離れた山の中で壕を掘り、爆撃機についていたドイツ製の機関銃を銃座からはずし、掘った塹壕の前に置き、数人の兵士とともに敵に対抗した。

中隊といえば通常二、三〇〇人はいるものだが、もはやそれは名ばかりで、生き残っているのは三〇人ほどしかおらず、それもほとんど幹部候補生上がりの実戦経験が少ない者たちばかりだった。

まず、シャーマン戦車からの砲弾により徹底的に基地を攻撃された後、無数の敵歩兵が基地や周辺の山々を襲う。

「タンタンタン」と、軽やかなアメリカ軍の軽機関銃の音がひっきりなしに続くが、それは悪魔の声にも聞こえたという。

日本軍は航空機の機関銃、軽機関銃、小銃、擲弾筒《てきだんとう》など、あらゆる小火器を使用し敵に対抗したが、戦死者は続出した。中には恐怖のあまり、銃を持たず泣きわめいて奇声をあげているる日本兵もいる。どうも気が狂ってしまったようだ。

敵はますます、迫ってきて迫撃砲の砲弾がいたるところで炸裂しだした。

敵の小銃が物陰から見えだしてきて、ついには白兵戦となりつつあった。敵兵の叫ぶ英語が聞こえる。斎藤にとっては、こんな場所で生の英語を聞くとは思ってもみなかった。

右にいる兵長が撃った九九式小銃の弾が敵兵に当たり、ばったり倒れこんだのが見える。と、同時に敵の機関銃弾が近くに炸裂したかと思うと、その兵のヘルメットを撃ちぬき、彼は頭から倒れこんだ。

斎藤はとっさに彼を見たが、頭から大量の血を流している。目は完全に白目だ。もう一人の軍曹が彼を抱きかかえ、大声でわめいた。

「しっかりしろ！　おい！」

しかし、頭を撃たれた兵長から何の応答もなく、即死だと思った。

戦友の戦死に感傷的になる余裕はもはやない。迫りくる敵兵に対抗して、こちらも機関銃を撃ち続けるしかない。

航空機用の機関銃だけあってさすがに連射性能はよく、弾はどんどん出ていくが、地上用の機関銃と異なり、銃身が簡単に焼けてしまうので注意が必要だった。

敵弾がさかんに身の周りに炸裂している。一緒にいた日本兵たちは、機関銃の補助をしてくれている一人の軍曹を除いて、みな他の場所に移ったようだ。

残りの弾が少なくなってきた時、となりの軍曹がしきりにあちらこちらを見渡している。

「しまった、弾倉をすぐそこに落としてしまった」と大声で叫んだ。どうやらこの壕に入る時、走っていたので弾倉を落としてしまったようだ。彼は叫ぶと同時に壕を飛び出した。

瞬間、彼はもんどりうってその場に倒れた。

斎藤は彼をひっぱり、壕の中に押し入れると、頭部と胸部からおびただしい血が流れているのが見える。

「おい、大丈夫か！　おい！」と、斎藤は意識を保たせるために叫んだ。

「お母さん……」とその軍曹は呟いたかと思うと、ぐったりとなってしまった。

斎藤は兵士が死ぬ瞬間は、よくこのように母を呼ぶのだとは聞いてはいたが、実際この戦友がそのように口走り少し驚いた。

戦友は斎藤の腕の中で、絶命した。

とその瞬間、ハンマーで叩かれたような、火箸で突つかれたような痛みを右手に感じた。見れば右腕から血が吹き出ているし、右肩も殴られたような痛みを感じる。体がしびれて、何もできずその場に倒れこんだ。

「一体どうしたんだ」。斎藤は自分がどういう状態になったのか判断しかねていた。ただ体はショックで動かない。

意識がだんだん薄れていくのが分かる。すーっとどこかに引き込まれていくのが分かった。直後、ヒューンという鋭い音の後に、「グオーン！」とすごい音が響き、耳の鼓膜が破れそうになる。瞬間、左の臀部《でんぶ》に痛みが走った。

至近で迫撃砲の爆弾が破裂し、その破片が臀部にめり込んだようだ。ここからも血がほとばしっているが、どうすることもできない。

この爆弾の破裂による負傷で、逆に意識は明確になった。何とかしなければいけない。しかし、周りには何も救命用品はない。何とすることもできないのだ。

死んだ戦友が見えた。斎藤はまず彼の軍服を取り、自分の傷に当て止血することだと思った。

全身の力をこめ、戦死した同僚の軍服を無理やりはがし、まず自分の右腕に硬く結びつけて、同じく肩にも軍服を当てた。どうも右腕に銃弾は入り、右肩に抜けたようである。臀部の傷はそのままである。

何分経ったのだろうか。

何とか応急処置をして周りを見れば、すでに砲銃弾の音は聞こえず、敵のいる気配もない。どうやら敵兵は他の場所に移ったようだ。しかし味方のいる気配もない。いるのはすでに息絶えた屍《しかばね》ばかりである。

時間の経過とともに右腕全体と右肩に激痛が走るようになった。臀部にも鈍痛がある。意識はあるが、歩くこともどうすることもできない。大声を出して救助を頼んでみても何の返答もない。

陽が落ちると、静寂な真っ暗闇の世界となった。時おり、鳥が「ちちーっ」と鳴く声だけが聞こえてくる。

激痛は続くが自分では何ともならない。しかし、友軍がきてくれるかどうかはまったく疑わしかった。喉が乾いたが水筒の水はもうなかったので、壕の中のどぶ水を飲んで渇きを癒《いや》した。

「このまま自分は、こんな南方の果てで死に絶えてしまうのか……」。斎藤は地獄の一夜を過ごした。

激痛の一晩が明けると、腕の傷にはウジ虫がわいていたが、それを取り払う気力もなくそのままにしておいた。何とか気力を振り絞って兵舎まで這っていこうとした。しかし、動けば激痛がするので、そのままじーっとしていた。見渡せばいたる所に戦死者がいて、何ともいえぬ死臭が漂っている。

丸一日、壕の中にいたが、このままでは死んでしまうと思い、体は痛むが気力を振り絞り、壕を這い出て友軍を探した。

ふらふらと歩いたり、はいつくばったり、頻繁に休憩を取りながらゆっくり進んだ。水を飲むため小川を見つけようとするが、なかなかない。木の皮を食べながら、ジャングルの間を夢遊病者のようにさまよった。

「もうこれで完全に自分は終わりだと思いました。体の傷は痛むし、食料はないし、どうしようもない絶望感でした」

斎藤は目を伏せ語った。

あてもなく歩いていると、少し大きな川が見えた。喉が乾いてどうしようもないので、川の水を飲むために、川岸に膝をついて水の中に顔を入れる。

思いっきり水を飲むと、気が遠くなってしまった。

夢の中で、遠いシアトルの風景と福島の田舎の風景が混ざって見えている。パンケーキと味噌汁が代わり代わりに登場しては消える。白人の子供たちの笑顔が見えると思うと、福島の中学校時代の友人たちのいがくり頭が見える。

米軍の捕虜となる

どれほど眠ったのだろうか。数時間か、あるいは一日か、それとも数日間か……。薬の匂いが漂っている。斎藤は自分がどこにいるのか分からなかった。

しばらくすると、真っ白なシーツに横たわっている自分に気づいた。英語が聞こえてくる。一体、自分はどうなっているのか。なぜ英語が聞こえるのかわけが分からない。

そこは、どうやらアメリカ軍の病院のようだ。

側《かたわ》らに立っている米兵に、斎藤は英語で喋《しゃべ》りかけると、相手は驚いた様子だった。当時、英語を喋る日本兵など珍しい。その兵に尋ねると、斎藤が川の岸に意識不明で倒れている時、からくも米軍に助けられたようだった。

斎藤はその米兵に殺してくれと頼んだが、もちろん聞き入れてはもらえなかった。

聞けば、ここはニュービリビッド刑務所であり、ここの大講堂を病院として使用しているとのことだった。

米軍医師はペニシリン注射をしたり、下痢止めを飲ませたり、食事を出したりと、手厚い看護をして斎藤は非常に感激した。しかしすっかり衰弱していたためか、数日間、食べ物はまったく受けつけなかった。

病院にはアメリカ本土よりたくさんの看護士が勤務していて、アメリカ兵や日本兵の看護に忙しくしていた。

数日後、斎藤がシアトル出身ということで、同じくシアトル出身の看護士がベッドにやってきた。初め斎藤は若干の緊張があったが、彼女から最近のシアトルの事情などを聞いて心が打ち解けてきた。

互いに幼少の頃の話をしていると、自宅が近いことが分かった。二人は大変驚いた。一気に話は盛り上がり、お互いがよく遊んだ公園のこと、よくいったケーキショップのことなど話は尽きることはない。ふと気づいて互いの通った小学校を尋ねると、何と彼と同じ小学校で、しかも同学年ということが分かった。

思わぬ場所での同窓会となってしまった。以降、彼女は斎藤をよく訪れ、いろいろ手厚い看護をしてくれた。

「こんな場所で小学校時代のクラスメイトに会うなんて、思ってもみなかったです。ほんと、彼女は優しくしてくれて……」と斎藤は話すと、顔をゆがめ嗚咽《おえつ》した。彼の頬には涙が流れ落ちていったのだった。

斎藤は、「敵弾に倒れている時、傷のウジ虫が膿《うみ》を食べてくれたおかげで助かったのかもしれないです」と当時を思い出していった。

徐々に体力を回復していった斎藤は、近くで日本軍の医師が管理しているテントを張った病院に移される。そこには慶応大学教授であった鎌田医師はじめ、後に癌研究所所長となった石川医師らが負傷したり、衰弱したりしている日本兵の治療にあたっていた。

「これが傷跡です」といって、彼は右腕の服の袖を捲り上げると、手首には六〇年経った今も、銃弾の傷跡がくっきりと見える。

「私の部隊は当初六〇〇人ほどの兵隊がいたんですが、結局生き残ったのは多分私を含め三、四人だったと思いますよ。ほとんど全員が死にました。それもどうでしょう、戦いで死んだ兵と食べるものがなくて野たれ死んだ兵の数は半々くらいなんではないですか……」。斎藤は目を伏せながら、語った。

終戦、そして国外退去命令

瀕死の重傷を負った斎藤だが、手厚い日米軍の治療で傷も回復していき、日に日に体調を取り戻していった。シアトルの小学校時代の看護士が時々きては、雑談をしながら、彼は「ああ、やっと生き返った」と実感した。

昭和二〇年八月一五日の終戦は、とくに感慨はなかった。ただ「日本に勝ち目はなかったし、ああ終わったんだ」とほっと安堵した斎藤であった。

その後、斎藤は重症の傷もほぼ癒え、体調を取り戻した。元気になった彼は、米軍と日本軍の通訳で毎日忙しく活躍した。

一九四六年三月二〇日、病院船にてマニラ港を出航し、四月一日、神奈川県の浦賀に着いた。

空襲で焼け野原のような日本だったが、それでもいたるところで満開の桜を見ることができる。

斎藤は桜の美しさを、これほど強く意識したことはなかった。春の心地よいそよ風に、ひらひらと桜の花びらは舞い落ちるのであった。

「まさか、もう一度桜を見るなんて、思ってもみなかったです。ほんとに桜は綺麗だったです。地獄のフィリピンのことを思い出すと、涙が止まらなかったですね」と斎藤は遠くを見た。

負傷した傷も完全に治り、斎藤は東京でGHQの通訳などを行なった後、会社勤めを始める。

得意の英語を使って貿易関係の業務に携わった。日本はまだ独立国としては認められていなかったが、徐々に経済も回復し、国外との貿易もゆっくりであるが増していった。

一九四八年（昭和二三年）六月、斎藤は東京生まれの妻、かおると結婚して、日本にしばらく居住する決心を固めた。たとえアメリカに帰国したくとも、日本軍に入隊した彼は自動的にアメリカ国籍を剝奪され、日本に住むことしかできなかったのである。日本軍に入隊した他のほとんどの二世もアメリカ国籍は奪われた。

一九五二年、アメリカの法律改正により、二世たちのアメリカ国籍回復への道は開かれたが、その道のりは平坦なものではなかった。

一九四一年（昭和一六年）七月に父、喜七はシアトルの日本領事館にて斎藤の日本国籍離脱を申請し、受理された。しかしその処理に手間取り、日米戦争勃発も絡み、実際日本の内務省でその離脱の事務処理が完了したのは、戦後昭和二一年一二月であった。よって彼は日本国籍を失ったが、日本軍に従軍したためアメリカ国籍をも失うことになり、無国籍状態となってしまう。

戦後、外国人登録もせず、戦地からの引き上げのため、当然外国人としての入国手続きもしなかった。斎藤は会社務めを辞め、貿易会社を設立し結婚もして日本に骨をうずめる覚悟をしていた。

そんな矢先、一九五三年（昭和二八年）、法務省より出頭命令が下され、斎藤は不法入国と外国人登録法違反のため「国外追放」という重い罪を科せられてしまった。

しかし、国籍法を守り日本国籍の離脱手続きをしたにも関わらず、日米戦争によりアメリカ国籍も剥奪されたのは、斎藤にとってまったく責任はないのである。すべて日本とアメリカの法律に従ったにも関わらず、斎藤は国外退去というまったく不名誉な烙印を押されてしまった。彼はいう。

「日本国籍離脱は戦争前に行なっているので、本来徴兵はされないんですね。でもまあ事務処理が、今と違ってすぐできないまま戦争に突入してしまったので、それは分かります。で、私は日本のため文字通り必死で戦って、銃弾で撃たれたんです。でも戦争が終わって結婚もして、日本に永住する予定だったんですが、何でこんな目に遭《あ》わなきゃいけないのか、ほんとうに私は恨んだですよ、日本政府を」

その後数年間、斎藤は弁護士を立て、日本政府に国籍回復と国外退去命令の却下のため何度も陳情する。しかし、日本政府は斎藤の陳情を聞き入れなかった。二人の子供は、父親が無国籍のために同じく無国籍となってしまった。しばらくは在留特別許可書を取得して日本に滞在したが、その期限が切れると同時に国外退去が執行された。

一九五七年（昭和三二年）一二月、斎藤一家は失意のうちに日本を去った。

斎藤はアメリカの出生証明書を持参していたことと、英語が堪能だったことが幸いし、何とかアメリカへの入国は許可された。サンフランシスコ郊外に一家は居住したが、無国籍ということで当初はずいぶん苦労した。しかしアメリカ上陸後、三年を経て一家は何とか全員アメリカ国籍を得ることができたのだった。

その後、会社勤務を経て、現在はバークレーの山の手にある自宅で静かな生活を妻とともに送っている。

斎藤は語る。

「私は若い時に日本に渡って、戦争があって日本軍に入り、フィリピンでは重症の中、絶望で、もうだめだ、もうだめだと何回も思いましたよ。ほんとうに食べるものも武器も乏しくひどいものでした。でも九死に一生を得て、何とか生き延びたと思って日本へ帰ったら、今度は国外退去命令でしょ。ほんと、自分は不幸な者だと思いました」

続けて語る。

「こちらへきていろいろ経験して、救われました。遠くから日本を見ると考え方が変わりました。日本も戦争に負けて大変だったから不条理なことは仕方ないって思うようになりました。

……日本に渡ってからは辛い経験ばかりでしたが、それもこれもすべていいほうに変わったんです。日本とかアメリカとか私はこだわらないです。私は半分日本人、半分アメリカ人だと思っています。でも、今は日本にもアメリカにも感謝の気持ちをもって生きています。

私は何かによって生かされてるんだ、と思っているんです」

秋の一日は短い。バークレーの木々の影は長く伸びている。

高台にある斎藤の自宅の居間から、サンフランシスコ湾に夕日が沈むのが見える。

ブルーの空の下、水平線近くは紅く、紅く染まっている。

あまりにも美しい。

私は斎藤と別れを告げる時、目頭が熱くなるのを感じた。

しかし、感情を押し殺して、笑顔でその場を去った。

こんな人生を送った人を私は誰かに伝える義務がある、と改めて知らされた一日であった。

2　ブッシュ元大統領の友となる

岩竹ウォーレン信明と会うまでには、少々時間を要した。

「ホノルル・アドバタイザー」という、ハワイでは有名な新聞がある。この新聞に数年前、岩竹の過酷だった戦争体験の記事が大きく掲載された。

プロローグで紹介した佐野ピーター巌がたまたまこの記事を読み、私にコピーをくださった。新聞記事には岩竹が東京に居住しているということが記述されていた。私はぜひとも彼に面会したいと思い、すぐホノルル・アドバイタイザー紙に電子メールを送ると、記事を書いた記者から手紙で返信がきた。

そこには、岩竹に関することがいろいろ書かれてはいたが、肝心の岩竹の連絡先は書かれていない。

再度、私はその記者に岩竹の住所などを知らせてほしい旨の手紙を送ったが、それに対する返信はなかった。

記事には岩竹が戦中、明治大学に留学したと書かれていた。私は明治大学出身の二世たちに尋ねてみたが、誰も情報は持っていなかった。当時、明治大学には多くの二世が留学していたが、六〇年以上も前のことでもあったため仕方のないことだろう。

しかし、ロサンゼルス郊外に住んでいる明治大学出身の二世、田中幸男氏は私のために親切にもいろいろ熱心に調査してくださり、一年後ようやく岩竹氏の東京の住所、他が判明したのであった。

父の死、そして日本へ

日本の梅雨は長く、じめじめとしている。私が東京の岩竹を訪問した日も、そんな小雨がしとしと降り続く蒸し暑い六月の日であった。

恵比寿からほど近い住宅街を私はしばらく歩いた。岩竹は三階建ての家の前で私を待っていてくれた。

初対面の人と会うのは緊張するものだが、私の父親のような高齢者と会う時はなおさら気持ちが引き締まる。

「はい、いらっしゃい。お待ちしてました」と、岩竹は優しい言葉を私にかけた。

その瞬間、私はほっとした。「ああ、この人とならば打ち解けて話すことができそうだ」と。

実際、彼の顔を見ると、長かったがようやく会えたのだと嬉しかった。

岩竹ウォーレン信明は、一九二三年三月、ハワイ、マウイ島のカフルイで父、保、母、芳子の長男として生まれた。

一九四〇年夏、釣りが趣味であった父は、マウイの海岸の岩場から釣りをしている時、大波にさらわれて四三歳の生涯を終えた。

一家の主を失った岩竹家族は路頭に迷ってしまったが、広島で医師を務めて裕福であった母の兄から、日本に戻ってくるように勧められた。

母は日本に戻る決心をして、四人の弟、一人の妹の六人で一九四〇年一二月、広島に渡った。

岩竹は遅れてハワイのマウイ高校を卒業するまで待ち、日米開戦半年前の一九四一年六月、来日する。

日本にいく直前に、岩竹は尊敬する高校の教師から、「将来ここ（ハワイ）に戻ってくる気なら、日本軍に入らないほうがよい」といわれた。

当時の日本は大学生には徴兵の猶予処置がなされていたこともあり、二重国籍である彼は、日本軍からの徴兵が予想されたため大学に入ることを考えた。

ハワイ育ちの彼は日本語の日常会話に関しては、あまり不自由を感じなかったが、読み書きに関してはとても大学入試に十分ではなく、授業に付いていけるだけの能力もなかった。

広島に渡った岩竹は、広島の山陽中学の日本語講習科で、みっちり日本語を学習し、大学受験に備える。

一九四二年四月、努力もあって岩竹は明治大学専門部商科に入学できた。

明治大学には当時、多くの二世が学んでいて何かと心強く、「二世会」と称していろいろな集まりの機会があった。彼は二世会の世話役をすることになった。

「これでしばらくは徴兵されないな……」と安心した岩竹だが、日本軍は開戦当時の勢いはなく、守勢を余儀なくされていた。

一九四三年一〇月の学徒出陣により、ついに日本陸軍に徴兵されてしまう。

「やはり、ハワイ生まれ育ちということで、日本軍に入隊するのは抵抗ありましたね。ただ、もうどうすることもできないので、仕方ないと思ったのです。父が死んで、一家が生活していくために日本にきたので、仕方なかったんです。他の学生たちもみな軍隊に取られていきました。でもアメリカ国籍を奪われるのが嫌でしたね。将来はアメリカへ帰る気持ちがありましたから。それにしても、日本が勝つとはとても思えなかったですよ」

彼はさかんに「仕方ない」という言葉を発した。

三か月の厳しい初年兵教育にも耐え、岩竹は広島第五師団第二砲兵連隊、第三大隊（細川隊）へ配属される。

ここでも連日厳しい訓練が課せられたが、岩竹のように学生上がりの者には、特に古年兵からの指導は厳しかった。

訓練時、彼は大砲を引っ張っている最中、足を骨折してしまったが、古年兵からこっぴどく叱られ、往復ビンタを何度もくらった。足は激痛に襲われ、顔は膨れ上がったが、まったくやるせなかった。古年兵からは、恵まれ、のほほんと育った大学生に戦争ができるのかと思われていたようだった。

また、他の二世もそうであったように高校まで英語を主として使っていた岩竹には、軍人勅諭を暗記するのには閉口した。難しい軍隊用語は普通の日本人にとっても厄介なものであったはずだが、二世にとって聞きなれない日本語を暗記するのは至難の技であった。しかし、ハワイで日本語学校にまじめに通って日本語が得意だった岩竹は、何とか乗り切ったのであった。

父島へ

きつかった訓練を終え一九四四年七月、南方戦線に向かうため横浜港に向かった。

上官から、「部隊は南方へ向かう」とだけいわれ、具体的な任地先は告げられなかった。岩竹はいよいよ不安感が漂い、緊張を覚えるのである。

一歩、日本を離れれば、アメリカの潜水艦、航空機がいたるところで待ち受けており、まず日本軍艦が目的地まで無事にたどり着けるのか否か不安だった。

日秀丸という輸送船に乗船すると、すでに大変多くの日本兵が乗っている。他の数隻と船団を組んでおくのだが、輸送船を守ってくれるはずの肝心の護衛艦はと、周囲を見渡せば、駆逐艦と小さな駆潜艇と海防艦が一隻ずつしかなく、これで大丈夫かとがっかりした。

「せめて駆逐艦が二隻でもいれば、多少心強いんですが……」と岩竹は呟いた。

しばらくすると、上官から任地先は「硫黄島」と告げられた。

横浜を出て三日ほど過ぎた頃、岩竹たちの船団はアメリカ潜水艦の餌食になってしまう。朝の七時半頃、乗組員が大声で何かを喚《わめ》いたかと思うと、「ズシーン」と船全体が大きく響いた。船内に怒号と悲鳴が交錯する。

続いてもう一回、船内は大きく揺れた。アメリカ潜水艦からの魚雷が二発連続して命中したのだ。船は大きく傾き始めている。

遠くにいる駆潜艇から、対潜水艦用爆雷が「ひゅー」という音とともに数発投下された。隣にいた駆逐艦は全速で敵潜水艦を追っている。二船が離れたと思ったところで、もう一発、魚雷が命中した。

船はかなり傾き、「総員退去！　総員退去！」と船員が兵に告げた。

岩竹は大急ぎで海に飛び込み、船から離れようと必死で泳いだ。

ハワイの海で鍛えた泳ぎがこんな時、活かされたのだ。沈んでいく船の渦に巻き込まれて沈んでいく兵が大勢いる。

岩竹は浮いている船の残材に他の兵と一緒にしがみつき、難を逃れた。見れば船は大きく傾き、そのうち真っ二つに折れて沈んでいった。

ライフジャケットを着ているので、とりあえず沈むことはなかったが不安だった。数時間海上で浮いていると、近くにいた海防艦が救助にきてくれた。投げ出されたロープを握ると、船上まで引っ張られた。

「やれやれ、何とか助かった」と思った。

一日たった後、上官から硫黄島へはいかず、他の島へいくことを聞いた。運命とは本当に分からないものである。これから約八か月後の一九四五年二月、硫黄島の日本軍守備隊は、圧倒的なアメリカ軍の攻撃の前に玉砕するのである。

もし、岩竹の船が沈没せず無事、硫黄島に着いていたならば、ほぼ間違いなく、岩竹の命もなかったことであろう。

その後、海防艦から他の輸送船に乗り換えさせられて数日後、デッキの上で海を眺めていると、海上を三本の魚雷がこちらへ向かって走ってくるのが見えた。見ていた他の兵とともに大声で、「魚雷三本！　くるぞ！」と叫んだ。それを聞いた船員は、思いっきり面舵《おもかじ》をとる。

「もうだめかと思いました。そしたら、船は角度を切り替え、間一髪で魚雷は逸《そ》れたんですよ。ほんと、間一髪でした。あれが当たっていたら、間違いなく死んでいましたね。ラッキーでした」と岩竹は、苦笑いを浮かべるのだった。

ブッシュ機の墜落

何とか助かった岩竹は生き残った兵隊とともに、近くの父島へ上陸する。武器・弾薬他すべて沈没してしまったため、硫黄島にいく目的がなくなってしまったのだ。

父島には、日本海軍と陸軍の守備隊の大隊が駐屯していた。硫黄島にいけなかった他の部隊の兵士が大勢、滞在することになる。しかし、予定外の兵員がくることとなった陸軍部隊は、食料の蓄《たくわ》えが乏しかった。海軍は比較的多くの食料を持っていたので、岩竹たちは時々、海軍の食糧貯蔵庫へ盗みにいった。

「捕まったら、何をされるか分かりませんが、こちらも必死ですからね。盗んだ海軍の高野豆腐が本当においしかったことを覚えてますね。でも、野菜が極端に不足していたので、よく野草を煮て醤油をかけて食べたもんです」

彼は笑いながら語る。

岩竹は日本海軍からその英語力を買われて、さっそく米軍の電信傍受班に配属された。傍受にはサンフランシスコ出身の玉村という二世と、もう一人カナダ出身の二世、楠本との三人が当たった。三人とも、うってつけの任務であった。

仕事を始めて二か月が過ぎた九月のある日の昼間。

その日も定期便のようにやってくるアメリカ軍爆撃機の攻撃にさらされていた。日本軍もさかんに大砲や機関銃で応戦している。岩竹は防空壕の中からその戦闘を見ていると、三人乗りのアベンジャー攻撃機が、ぱっと火が噴くのが見えた。

エンジンからは煙が噴出している。飛行機は少し飛んでいたが、次第に高度を落としはじめ、海上に墜落していくようであった。

とその時、白い落下傘が開いた。青空の中に白い花が開いたように、美しかった。落下傘はゆっくり海に下りていくが、飛行機はそのまま墜落して海面に激突した。

落下傘が海に落ちると、飛行兵はゴムボートを広げて、漕ぎ出す。しばらくすると、陸から日本船が飛行兵を捕獲するために発進した。

どれくらいの時間が過ぎたのだろうか、突然、海面が割れ、巨大な潜水艦が現われた。アメリカの国旗が見える。潜水艦からボートが出され、その飛行兵を救出した。

ほんのわずかの間でボートは飛行兵を救い出したかと思うと、すぐに潜水艦「フィンバック」は姿を消した。

岩竹は、その見事なチームプレイに目を丸くした。

「びっくりしましたよ、パイロットは日本軍の捕虜になるなあと思っていたら、ぱぱっと潜水艦が登場してレスキューしたでしょ。さすがに人命優先の国だなと思いましたよ。隣の兵隊もアメリカはすごいな、といってましたね」

このパイロットは、後でアメリカの第四一代大統領になる、ジョージ・H・W・ブッシュであった。

この時、ブッシュは紙一重で助かったが、アベンジャー機のもう二人の航空兵は海上に激突して戦死した。

この時、ブッシュが戦死していたら、息子の四三代大統領ジョージ・W・ブッシュも存在していないし、戦後の世界の歴史も大きく変わっていただろう。

捕虜、ウォーレン・ヴォーンとの出会いと別れ

ブッシュが救出されて数か月経ったある日。

アメリカの戦闘機コルセアが日本軍によって打ち落とされ、パイロットはパラシュートで脱出したが、日本軍の捕虜となった。

他にも何人かのアメリカ軍パイロットが捕虜となっていたが、父島は小さな島であるため、ここから逃げようとしても不可能であり、彼らはいわば軟禁状態に置かれていた。

コルセア機のパイロットはテキサス出身、長身、二三歳のウォーレン・ヴォーンといい、彼は岩竹と一緒に電信傍受をすることになった。

最初は互いに警戒はあったが、岩竹も元々はアメリカ国籍を持ったアメリカ人であり、お互いの母語である英語を自由に話せたため、すぐに親しくなった。互いの故郷、テキサスやハワイの話などで盛り上がり、そこには敵、味方という壁は完全になくなっていた。

「本当に彼とは親しくなりましたね。とても人柄のよい好青年で、私たちはほんとうに打ち溶け合っていました」

岩竹は、つい昨日の出来事のように語る。

ある日、日本陸軍のパイロットたち数人が岩竹の電信傍受の部屋にきたことがあった。初めは自由に岩竹と喋っていたウォーレン・ヴォーンを見て驚いた表情を見せたが、しだいに打ち溶け合い、日本のパイロットたちはヴォーンと戦闘機同士の格闘戦について語り合うよ

ウォーレン・ヴォーンと彼が乗っていた戦闘機コルセア

うになった。

通訳の岩竹がいるので話は白熱し、互いの手を戦闘機に見立てて何度も戦法を繰り返し、語り合った。

日本のパイロットたちはヴォーンの戦闘方法にいたく感銘を受け、「なるほど、なるほど……」とうなずくばかりである。

そこにはもはや敵としての意識はなく、飛行機乗り同士の一種の連帯感が生まれていたようだ。やがて日本のパイロットたちが出撃する時がきた。

別れ際、日本のパイロットたちはヴォーンに握手を求めると、彼は笑顔で応じたのであった。

しかし、岩竹はその後の日本パイロットの消息について語る。

「伝え聞いたところによると、あの時の日本の航空兵たちは、みな特攻で戦死したらしいですよ」

若者たちは、次々と亡くなっていったのだ。

そんなある日、二人は夜遅くまで電信傍受をしていて、一緒に風呂に入ろうということになった。

風呂場は一〇〇メートルくらい離れていて、二人で真っ暗な道を歩いていると、爆撃によって空いた穴に岩竹がはまってしまった。そうするとヴォーンは、岩竹の手を握って歩いてくれた。

「ヴォーンは、『私はパイロットで、夜間、目はいいので大丈夫です』といってくれたんですね。ほんとうに優しかったです」

ヴォーンと大変親しくなった岩竹だったが、一九四五年三月のある日、数名の海軍の兵隊がヴォーンを探しにきた。岩竹は不安に感じた。

ヴォーンは日本兵から厳しい口調で、「おい、いくぞ！」といわれた。

岩竹は嫌なことを予感する。

岩竹とヴォーンは電信傍受のイスから立ち上がると、「嫌なやつらがきたな」といい、ヴォーンは握手を求めてきた。

そして、「グッドバイ」といった。

「曲がり角で、ヴォーンがこちらを振り返ると、とても寂しげだったんですよ……。彼にはもう分かってたんだろうと思います」

岩竹は寂しげな目をしていった。

その後、ヴォーンは日本刀による首切りで惨殺されたという事実を聞いた。

「その頃、何人もの米兵パイロットが首切りで殺されているのですが、ほんとうに辛かったです。ひどいことをするなと思いましたよ」

岩竹は目を伏せながら続ける。

「何で、あんないい青年が殺されなければならないのか、今から思うとほんとうに可哀そうなことをしたと思います……」

戦後、父島での米兵惨殺は合計八名であることが判明している。連合軍による軍事裁判にかけられ、日本海軍の将校二名が捕虜惨殺により、絞首刑となった。しかし、父島ではこのような残酷な行為に反対している日本の将校もいたようだった、と岩竹は証言している。

父島で出会ったアメリカパイロットとの束の間の交流とその後の悲劇は、岩竹の心に重くのしかかった。それは自分がアメリカ生まれの二世であるにもかかわらず、日本軍兵士になってしまったというジレンマも関係したのかもしれない。否、それはアメリカ、日本という国を越えた一人間として、友を不本意な形で亡くした悲しみであったかもしれない。

岩竹は、このような悲劇は今後二度とはあってはならないと自分の心の中で思った。今は日本軍の中にいるので、その思いは口外することはできない。しかし、自分の心をどこにおいたらよいのか、ヴォーンと一緒に電信傍受していた部屋で彼はじっと考える日々が続いた。

岩竹は思い悩んだ挙句、ヴォーンの悲劇を一生忘れないために、ヴォーンのファーストネームのウォーレンを自分の名前にしようと結論づけた。

間もなく戦争が終わると同時に、彼は「岩竹ウォーレン信明」と現在まで正式に名乗るようになったのである。

「あんな、殺され方をしたので、私は今後、日米間がうまくいくようにとの思いも込めて彼の名前をもらったのです」と少し力を込めて語った。

五七年目の出会い

岩竹はヴォーンの死因があまりにも残酷だったことと、自分が日本兵だったこともあり、長い間ためらいがあったが、戦後半世紀以上も過ぎて、彼の遺族にぜひとも真実を知らせたいと思うようになった。八方手を尽くしようやく、ヴォーンの親戚がテキサス州のチルドレス市にいることを探し当てた。

岩竹はチルドレスを訪問した。

親戚はみな、ヴォーンは日本軍飛行機との戦闘で戦死したと知らされていて、まさか捕虜となり、惨殺されていたとは知らなかった。

さすがにショックは隠しきれない。しかし、岩竹のその勇気に対して親戚全員が理解を示してくれて、岩竹に敬意を表するようになった。

この話はチルドレス市のマスコミで有名になり、これを聞いた市長も心打たれ、岩竹は何とこの市の名誉市民に推挙された。

そして、ヴォーンの従兄弟たちは、岩竹にぜひ我々の義理の親戚となってくれるよう頼んむのだった。

一方、からくも生き延びたブッシュは、その後アメリカ大統領となる。

戦後、彼の人生は幸運と栄光に包まれており、その経歴はもちろん抜きん出ている。大統領までになったわけであるから、アメリカ人としては最高の栄誉を得たといってもよい。

しかし、ブッシュにはどうしても忘れることのできないわだかまりがあった。それは一九四四年九月、父島沖で戦死した二名の戦友のことである。彼は操縦士であったため一番前の席にいたが、その後ろの偵察員、ウィリアム・ホワイトと一番後ろの電信員兼射撃手、ジョン・デラニーの二名は、ブッシュが落下傘で脱出後、そのまま飛行機ごと海につっこんで壮絶な死を遂げた。

通常、攻撃機や爆撃機のパイロットたちは長期間、同じメンバーで訓練を行ない、いざ戦闘となれば死ぬも生きるもみな同じ運命になる。ブッシュたち三人はいわば一心同体の間柄なのである。

アメリカのニュース番組CNNは、ブッシュの父島での出来事を一つの番組として制作した。彼はこの番組で語る。

「その時、日本軍陣地からの対空射撃でエンジンを撃たれて飛行機は燃え、オイルが風防に降りかかり、前方はまったく見えなくなりました。私はもうだめだと思い、後ろにいる二人に伝声官に向かって大声で、脱出しろっ！　と叫んだのです。はっきりは見えませんでしたが、後ろを見ると電信員が落下傘で脱出したように見えたんです。ですから、私もとっさに風防を空けると外に飛び出し脱出しました」

しかし実際、脱出できたのはブッシュだけだった。インタビューに答えてブッシュは続けて語る。

「私はあの時の判断は今でも正しかったと思っています。ですから自分の脱出に関しては、自分でも罪であったとは思っていません。しかし、それとは別に戦死した二人のことを思うと今でも、ほんとうに心が痛みます……」

と言葉を詰まらせた。

大統領退任後、ブッシュは悠々自適の生活を故郷テキサスで送っていたが、自分が落下傘で脱出して、潜水艦に救助されるまでの一部始終を岩竹が見ていたということが判明して大変驚いた。そして岩竹にぜひとも会いたいと思うようになった。

二〇〇二年六月、ブッシュは父島を訪れた。

岩竹も訪問し、ブッシュと対面することになった。岩竹は五八年前、飛行機が墜落した場所を伝え、二人でその場所へいった。

ブッシュは船に乗ってからは、ずっと海を見て黙っている。廻りの者はとても声をかけられる状況ではなかった。

ブッシュは海上に花束を捧げると、嗚咽とともに頬には幾筋もの涙が流れていた。

2004年５月、ヒューストンにあるブッシュ元大統領の事務所にて

そのあと、岩竹はヴォーンと最後に別れた場所にブッシュを連れていった。そして亡きヴォーンのことをブッシュに語ると、ブッシュも大変同情し心を痛めたのであった。

そして二人は握手をし合い、慰め合った。ブッシュは語る。

「岩竹氏も私も辛い経験をした。しかし戦後、真実を知らせた岩竹氏のその勇気は素晴らしい」

その後、ブッシュは妻バーバラと自分が写った写真を岩竹に送った。そこには、手書きで「ウォーレン岩竹氏へ、アメリカの真の友へ。地獄を経験しながらも優しく思いやりがある人」と書いてあった。

二人とも戦争という過酷な運命の下に、辛い思いを経験せざるを得なかった。しかも、皮肉にも同じアメリカ人同士が敵対して戦った。この不条理は、戦場にいた彼らにしか理解できぬことだろう。岩竹は語る。

「ブッシュ元大統領のヒューストンにある事務所にいくと、秘書が、『父島の出来事を聞いたり話したりすることは禁句だと思ってるんですよ。なぜかというと、その話をすれば元大統領は非常に感情的になってしまい悲しむからなんです』というのです」

戦後半世紀以上も経った過去でも、彼の心から永遠に消えないのかもしれない。

夕方、岩竹の自宅を出ると小雨が降っていた。私は恵比寿の雑踏の中を急いだ。仕事帰りの人々が傘をさしながら、駅に向かって足早に歩いていく。現代の人はみな仕事に忙しい。街のネオンがそこかしこでくっきりと浮かび上がっていた。

3　帰米ならず

吉田ジム克己

常夏のハワイといえ、一一月はけっこう涼しいものだ。空港から市街地へ出ると、照りつけている太陽が、どことなく真夏と違って、幾分優しく感じられる。

吉田ジム克己とは、私が宿泊しているホノルルのホテルで面会することになっていた。

吉田ジム克己

ロビーで待っていると、大柄な老人が私に笑みを見せながら近づいてきた。約束したように、私は新聞を右手で丸めて持っていたので、すぐ分かったようだ。柔道六段の吉田は、八〇歳とは思えないほど堂々とした貫禄である。吉田の戦争体験は、静かなホテルの一室で語られた。

吉田は父、龍之介と母、スヱの長男として一九二一年（大正一〇年）七月、ワシントン州シアトルで生まれた。

ここは西海岸の中でも、日本からの移民が多く居住している所である。

父は山口県平生村の出身で、一九一一年、兄とともに「故郷に錦を飾る」つもりで渡米し、一財産を築いて帰る予定であった。

ところが渡米してみると、仕事が面白くなり、この地で長い間暮らしてみようと思うようになった。

結婚適齢期になった龍之介は故郷山口に帰り、教育者の一家の娘として育ったスヱと見合い結婚をした。スヱは平生村近くにある瀬戸内海の小島、上関村の出身である。二人の渡米は新婚旅行も兼ねているようだった。

父はシアトルの日本人街の中心で、ホテル経営をしながら理髪店を持っていた。一生懸命働く一方で、母は教育には熱心で吉田を厳しく躾《しつ》ける。しかし日本的な教育ではなく、自由の中にも義務は必ず果たすようにといつもいい、躾けた。家庭内の会話といえば、母は日本語で話し、吉田は英語で返事するといった、他のどこの日系家庭でも見られる風景だった。

吉田は日系人としては体が大きく、ハイスクールに入る頃には、他の白人たちと比べても遜色ない立派な体格に育った。

ハイスクールではフットボール部に所属し、ランニングバックとして大活躍をする一方、オフシーズンには日系人向けの柔道道場にも通うようになった。アメリカの学校はシーズン制をとっているため、かけもちが可能だった。

ここでも持ち前の運動能力を発揮し、たちまち柔道でも頭角を表わすようになる。父は柔道に関しては認めたが、フットボールをすることに関してはいい顔をしなかった。が、それも吉田が活躍するにいたって、目を細めるようになったのであった。

日本へ

一九三九年一二月、父は脳溢血のため急逝してしまった。

突然のことで吉田一家は困ったが、まず吉田は家計を助けるために、仕事を手伝った。その頃、フットボールの奨学金を彼に提供する大学があったので、そこに入学するつもりであったが、それも叶わなくなってしまう。

いまや家計を助けるどころか、一家の一番の働き手となってしまったが、教育熱心な母は、そんな吉田を見て不憫《ふびん》に思い、何としてでも大学に入らせたい思いはあった。

その後しばらくして、母はホテルを売却することを思い、一年後、思い切って実行した。一息ついた母はかねてより、夫の遺骨を日本の山口に持って帰り納骨したいという希望を持ち、何とか実行できそうな状況となった。

母は、三か月は日本に滞在したいと思い、息子に同行を求めると、彼は大学入学のことがあり迷ったが、東京の講道館でさらに柔道を磨けばよいと思い、ついに一家全員で日本に短期滞在することが決まった。

一九四一年四月七日、一家は日本郵船の氷川丸でシアトルを発ち二週間後、横浜港に着いた。

横浜港で親戚数人が待っていてくれて、初めての面会をしたが、親戚たちは渡米経験があり、現在のアメリカについてあれやこれや、早口の日本語で母に聞いていた。日頃日本語は聞きなれてはいたが、実際に生の日本語を聞くと、その早口には面食らってしまった。

瀬戸内海の上関村でしばらく過ごした吉田は、東京の講道館に入門すべく上京する。

講道館では様々な柔道家と練習を重ねたが、アメリカからきた吉田のその素養のよさは一目を置かれ、何かと評判を呼んだ。

一か月以上にわたる講道館での柔道の練習を終えると、予定の三か月の滞在を終えていよいよ帰米することになった。講道館での練習や、上関での親戚ほか、みなの歓待を受けた吉田は、充実した日本での滞在に満足したのであった。

夏も真っ盛りの八月一二日、吉田は上関の親戚宅で一通の電報を受け取る。

それは吉田一家が、アメリカへ帰るために船便を予約した代理店からのものであった。

「残念ながら、アメリカへの航路は一時閉鎖されることになりました。予約が確保できしだい、ご連絡いたします」といった内容のものだった。

吉田は驚きと同時に、一体いつになったら帰国できるのか、不安で仕方なかった。何せその頃、何かと日米関係は不穏な雰囲気であり、先行きに関しては不透明であったからだ。

帰米ならず、そして日米開戦

思わぬ足止めをくらってしまった吉田であったが、自力では何もすることができず、ただ時がくるのをひたすら待ち続けるしかない。そうした無為な日々が続いていった。

上関の町を美しく彩《いろど》った紅葉も終わり、肌寒くなり始めた一二月八日、ラジオからは華々しく、軍艦マーチが何度も流れている。町の人々はあちらこちらで集まり何かしら喋《しゃべ》っている。いつもとは違う雰囲気だ。

母が、日本海軍がハワイの真珠湾を攻撃し、日米戦争が勃発したことを吉田に告げた。

吉田は、何が起こったか認識できない。

日米が戦争状態になったといわれても、両国籍を有する吉田には、一体どうすればよいのか皆目見当もつかない。ただ、これから先、どうなるのか不安で仕方なかった。いつになったらアメリカの大学に入れるのか、不安はつのるばかりだった。

日米開戦からしばらくたった後、伯父は近くにある柳井商業中学の柔道部の教師が陸軍に取られたので、代わりの教師を探しているという情報を得た。

無為に過ごしている吉田を心配した伯父は、彼に柔道教師をさせるべく、さっそく柳井商業に問い合わせをすると、話はトントン拍子に進み、吉田は同校の臨時の柔道教師に採用されることになった。

水を得た魚のように、吉田は柳井商業の柔道教師として生徒を指導し、同校柔道部は山口県下一の強さにまでもなった。ここでの約一年間は吉田にとって大変よい思い出となったが、やがて日米の両国籍を持つ彼にとって一番厄介な兵役義務が待っていた。

一九四三年二月、兵隊検査を終えた吉田に、ついに日本陸軍から徴兵命令がやってくる。日本軍の兵士になることに対しては、まったくの予定外であり、本来ならばアメリカ軍の兵士になることが彼の本望であったのだが、たまたま日本にいた彼にとって大きな試練となってしまった。

吉田は語る。

「シアトルの高校時代の友人たちを思い出しました。みなはアメリカ軍兵士になっていくのに、自分は敵の日本軍に入るわけでしょう。互いに銃を向け合うわけだから複雑でした」

しかし、歴史の運命に逆らうわけにもいかず、日本軍兵士として出兵していく日がきた。

柳井駅で多くの人々が出兵を見送りにきてくれていたが、吉田は母のことが気がかりで仕方なかった。本来ならシアトルに帰って、平和な日々を送っているはずだが、こんな形で母と決別をしなければならない状況に納得がいかなかった。

柳井駅のプラットフォームから電車に乗りこむと、母は窓越しでさかんに何か喋っている。「かつみ！　体は大事にするんだよ！」と、何度も同じことを喋る母に、彼は何度もうなずくと同時に、激しく動揺し、吉田は窓ガラスを激しく叩き、ついにはガラスを割ってしまったのだった。

それを見た、上官の兵は吉田を殴りつけた。それでも母を見続けると、母の顔は大きくゆがんで見えたのだった。

中国戦線へ

山口市にある陸軍で初年兵教育を受けることになった吉田だが、精神的には辛かったにもかかわらず、肉体的には柔道やフットボールで鍛えていたので、難なくこなしていった。ただ、日本語の読み書きに難儀していた彼には、軍人勅諭を覚えるのには閉口した。毎日これを暗記するのに苦労の日々が続く。

兵役に取られて一か月も過ぎたある日、妹のベティが兵舎に面会にきた。地元の女学校に通っている妹はセーラー服を着ている。その姿が吉田には眩しかった。

英語で挨拶して、彼は周囲に人がいないのを確認すると、そのまま英語で喋り続けた。彼女は兄に手作りの鶏肉から揚げ、団子、羊羹《ようかん》ほか、たくさんのご馳走を差し入れた。彼は彼女の優しさに心打たれた。しばらく二人はシアトル時代の出来事、母のこと、戦争が終わったらアメリカへ帰国し何をするのかと、話は尽きなかった。吉田は当時を思い出し、懐かしそうに語る。

「あの時は本当に嬉しかったですよ。嫌な軍隊生活のことを忘れて、二人でいろいろ英語で語り合いました。久しぶりに見る妹に私がとてもいとおしくて、自分の妹ながら、何ていい子なんだろうと思いました。別れ際には、私も胸いっぱいで、まともに妹を見ることができなかったです」

山口での初年兵教育を終えると、吉田たちの部隊は中国へ向かう。何日かの列車での移動の後、南京近くのユイエヤンが最終目的地だった。ここでは第二三四四槍砲大隊に所属し、さらに六か月の基礎訓練を経験した。とりわけ基礎訓練中は、他の日本兵も同じように、古年兵と呼ばれている上官からこっぴどくしごかれた。それは常軌を逸していることもしばしばで、勇敢な兵を育て教育するという範疇《はんちゅう》を超えて、私的制裁に近いことさえ頻繁に起こった。

とりわけ彼に一番辛く当たったのはK軍曹であり、彼はいつも吉田に怒鳴り散らしていた。「あんなK軍曹みたいな奴は戦争が終わったら、絶対ぶっ殺してやる！　とよく思いました」と、吉田は当時を語る。

とりわけ一番辛かったのは、中国兵捕虜の惨殺だった。捕虜にした中国兵を生きたまま棒にくくりつけて、一人ひとり銃剣で突き殺すという行為である。その残忍な行為は思い出したくはないだろうが、吉田はその時の状況を鮮明に語った。

「捕虜が棒にくくられているでしょ。これに突撃して銃剣で突き刺すんですよ。ほんとうに思い出してもぞっとします。今でも中国兵を突き刺した瞬間の顔を思い出しますよ。あの歪んだ顔を……」

K軍曹や上官たちは、部下たちに度胸をつけさせるためにこのような残忍な行為をさせたのだろうが、これは命令であり、みな従わざるを得ない。さすがに、その日の夕飯は食べることができなかった。

夜、床についても、歪んだ中国兵の顔が脳裏から離れなかった。あの中国兵は一体どんな悪いことをしたのだろうか、彼には家族があるだろうが、あんな最後の姿を家族が見たら、何と思うのだろうかと。

吉田にとって毎日が辛い日々であったが、何とか生きて日本に帰り、そしてシアトルに戻るんだという望みがあった。そして願わくば、あの鬼のK軍曹を心ゆくまで殴り飛ばしてやりたい、そんな気持ちが交錯した。

他の日本兵のように、日本のため身を捧げるような気持ちは吉田には到底《とうてい》ない。なぜなら彼にとって、自分の国とは日本ではなくアメリカであったからだ。

ある日、事務所の掃除当番をしている時、兵隊の人事ファイルが乱雑に置かれているのが目に入った。

何げなく自分のものを見ると、自身の今までの略歴がすべて書かれてある。シアトルの高校名も正確に書かれてある。なるほどと思い、あのいまわしいK軍曹のファイルをこっそり覗《のぞ》いてみた。

吉田は目を疑った。

そのファイルでは、K軍曹の氏名のほか、次のような事実が判明した。

出生地―ハワイ、マウイ島

学　歴―ホノルル、マッキンレー高校卒後、日本の大学に留学

現住所―山口県熊毛郡平生村

何と、憎むべくK軍曹はアメリカ出身の二世であり、現住所は吉田の住所のすぐ近くなのだ、そこには親戚がたくさん住んでいる。

吉田はいう。

「私は心底驚きました。高校までアメリカで育った私と同じ二世でしょ。信じられなかったですよ。あんな極悪非道な奴が二世だなんて。彼は絶対私が二世だってことを知っていたと思うんですが、知っていてなぜあんなひどいことをしたのかな。まったく理解に苦しみます。同じ二世だからって、逆にもっとひどい仕打ちでもしたかったんでしょうか。ほんとうに、分かりませんでした、私には」

K軍曹の真意はまったく不明であるが、彼がアメリカ生まれの吉田の経歴に関して知っていたということだけは事実のようである。

中国では辛い体験ばかりだったが、終戦を迎えることになって吉田は安堵した。
「ほんと、嬉しかったです、終戦になって。ああ、これで命だけは助かった、と思いましたね。でも自分がこの先どうなるのかすごく不安でした。というのも、自分は日本軍に入ってしまったので、もうアメリカには帰ることはできないかもしれないし、一体日本にいる母親をはじめ、家族のみなは元気なんだろうか、すごく不安でした」

終戦後はしばらく、上海にある大きな病院の看護士や軍職員に英語を教えることになった。米英の医師などが多く病院にくることが予想され、英語が必要になると思われたからである。今まで、アメリカ育ちであることも、英語ができることも隠していたが、もう今後はそんな必要はない。自分が必要とされていることが嬉しかった。実際、八〇〇人もの人間に大講堂で英語を教えることになったので、それは大変なことではあったが、吉田にとっては自分が生かされている実感をつかんだのであった。

そのような日々が続いている時、吉田はシアトルでの高校時代のフットボール部の友人に偶然会った。お互いに再会を喜び合ったが、戦争が始まってすぐ、アメリカ西海岸在住のすべての日本人及び日系人は強制収容された事実を聞かされて、吉田は驚いた。
「私は日本にいたから、まったくそんな事実は知らなかったです。でも私もシアトルにいたら、間違いなく強制収容されていたわけですから、それだけ考えたら日本にいてよかったのかもしれませんけどね。母も家族も、とりあえずは山口で安全に暮らしていたわけですから」

帰郷、山口へ

一九四六年夏、吉田は日本に復員することができた。

東京湾に到着すると、久しぶりに見る東京の光景は一変していた。

建物は壊れ、街の中は空襲による被害で荒れ放題、とても講道館に通っていた頃の東京の面影はない。

敗戦とは、こういうことかと吉田は思いを新たにした。東京駅で電車に乗り換え、山口までの長旅となった。

電車内は満員で復員の兵隊たちも多かったが、誰も彼も疲れた顔をしていて、数年前、みなに華々しく出征を祝ってもらった頃が信じられなかった。名古屋を過ぎ、大阪、岡山と過ぎる頃には、吉田はいてもたってもいられなかった。

もうすぐ家族に会えるのだ、母親は元気だろうか。ベティにはもうボーイフレンドがいるのだろうか、思いはつのるばかりである。

電車が柳井駅に着いて下車すると、平生の伯父が吉田を待っていた。伯父は五体満足の吉田を見ると、安心して無事の帰還を何度も喜んでくれた。吉田の家族はみな、伯父の家で待ってくれているとのことだ。

家に着くと、姉のアイコと妹のベティの顔が真っ先に目に入った。

アイコはすぐ吉田に抱きついてきた。

「ジム、お帰り、ほんとうに無事でよかった」。あとは言葉にならない。

横にいるベティに抱きつくと、彼女は何もいわず泣きじゃくった。他の親戚も涙を流している。

しかし、その後、話は進まない。みな泣きながら下を向いているのだ。

吉田は思わず英語で喋った。

「ママ、ママはどこにいるの」

アイコとベティは下を向いて激しく泣いている。

何だか様子が変だ。その時、ハワイに長い間住んでいた伯父が英語で、母はつい先日亡くなったことを説明した。

吉田はわけが分からなかった。一体どういうことなんだ。三年前、柳井駅で別れたきりの母が仏さまとはどういうことだ。

しばらくして、みなの雰囲気でようやく母の事実が分かってきた。

母は吉田が帰る数週間前、急病で亡くなったのだった。その時を思い出し、吉田はいった。

「戦争が終わって、ようやく山口に帰ってようやく母に会えると思ったら、亡くなっていたでしょ。ショックでした。母にはアメリカにいる時からずーっと苦労ばかりかけていて、私は何も親孝行できないうちに亡くなってしまっていたから、ほんとうに心残りでした。さあ、これから親孝行するぞ、という時でしたからね」

吉田はゆっくり、当時の辛い思い出を語った。

妹の結婚と朝鮮戦争出兵

母を亡くして、落ち込んでいた吉田だが、他の多くの二世たちが活躍したように、彼はGHQの通訳としてしばらく仕事をした。英語であれば思っていることを何でも表現できるし、何よりも読み書きができることが嬉しかった。

そんなある日、妹のベティが結婚することになり、吉田にぜひ婚約者を紹介したいといってきた。

春のそよ風に吹かれて、暖かな日。吉田は妹と婚約者がくるのを自宅で待っていた。こんな穏やかな日があることが吉田には信じられなかった。自分の母国と日本との戦争は終わって、何とか生き延びることができたのだ。

玄関からベティの声が聞こえる。にぎやかに何か喋っているようだ。吉田は自分の部屋から大声で二人を呼ぶと、ベティは笑顔で婚約者の手を握ってやってきた。

彼女は笑顔を見せながら英語で、婚約者はハワイ出身の二世、バートで、日本には長く住んでいることを伝えた。

婚約者は何も喋らず、ただ笑顔で吉田に握手を求める。彼は派手目のハワイのシャツを着ていた。

吉田は握手をすると同時に、驚いた。

そこに立っているのは、あの人間とは思えない憎き「K軍曹」だったのだ。

吉田はその事実を認識するのに、しばらく時間を要した。なぜここにK軍曹がいなければならないのか。

そして、最愛の妹の婚約者とは一体どういうことなのか。頭は混乱していた。

これは誰かが作った映画なのか。婚約者は一瞬、顔をひきつらせたかのように見えたが、にこにこ笑っている。どこからどう見ても、それはあのおぞましい、K軍曹なのだ。戦後出会ったら、ぶっ殺してやるとまで思っていたが、目の前にいる婚約者はかつての威張りちらし、傲慢で、ずるい目つきをしたK軍曹とは異なり、優しい目をしている。

吉田は自分自身、どういう行動に出たらよいのか、困惑した。

しばらくして、吉田は彼に庭に出るように勧めた。そしてきっぱりと妹を幸せにできるのかどうか尋ねた。

もちろん妹を幸せにすると、かつてのK軍曹はいった。しかし、彼の目は吉田の目を外していた。

やはりかつてのことがあり、直視できなかったようだ。二人の会話はこれで途切れた。

その時、伯母がやってきて吉田の耳元で、婚約者は母が倒れた時、何かと手厚く面倒を見てくれた、とささやいた。ベティがお茶を入れてきた。吉田は、彼女に二人の結婚を認めることをささやいた。

吉田は結婚を否定する言葉は思い浮かばなかった。かつての憎しみが沸いてこない自分が不思議でたまらない。もう戦争は終わって、戦争中のことはすべて狂気だったのだと、自分自身にいい聞かせた。

ベティは兄にとびついて喜んだ。兄が結婚を許してくれたことに素直に大喜びした。吉田はもう戦争でのKのことは、一切妹に話すのはやめようと、決心した。そしてKにも戦争での出来事は一切話さないでおこうと決めた。すべては戦争という非常事態が、K軍曹を狂わせたのだと再度、思い込ませたのだった。

一〇月に二人が結婚するまで、たびたび吉田はKと会う機会があったが、なぜか二人きりになる場はほとんどなかった。それはKが敢えて二人になることを避けていたからなのかもしれない、と吉田は思った。

その後、吉田は朝鮮戦争に参加し、通訳などで活躍して戦争終了後、除隊してハワイにいく。ここで建築業を営みながら、傍《かたわ》らでは子供たちに柔道を教えるなどして、活躍した。

吉田は、ホテルの部屋の窓から遠く海を見つめながら、語る。

「戦争がなかったら、私の人生はまったく違っていました。本来なら日本へはほんの短い滞在のつもりできたのですから、アメリカへ帰って大学に入り、違う人生があったのでしょう。中国では過酷な経験もし、ほんとうに辛かったですが、戦争だったし、仕方ないです。でもいつも思ったことは、大和魂、義理、人情だけは忘れなかったつもりです。だって、私のこの体には日本人の血が脈々と流れてるでしょう。アメリカ生まれだからって、この日本人の根性は忘れることはできませんよ」

吉田は、続けて熱く語る。

「柔道で習った武士道精神も忘れずに、日本人として恥ずかしくないように振る舞うことが大切なんじゃないですか。でも、アメリカ人としてのプライドも決して忘れなかったです。やはりアメリカには忠誠を誓いますよ」

吉田の心には日本人としての魂と、アメリカ人としての自覚の両方が共存しているように思える。

戦争という厳しい試練の中、二つの祖国の間で葛藤したであろうが、吉田はどちらの国を恨むわけでもない。ただ歴史が引き起こした皮肉な運命に逆らうことなく、大和魂で困難な時代を生き延びたのだと私は思った。

窓の向こうには、浜辺で戯《たわむ》れる若い男女の姿が見える。

ビーチボールを投げ合い、彼らははしゃいでいる。笑い声が聞こえてきそうだ。

吉田の多難だった人生は、今の若者にはどれほど伝わるであろうか。私はふとそんな思いに陥ってしまった。

4 兄弟で日米両軍に分かれる

福原フランク克利

小説のモデルとなる

山崎豊子の小説『二つの祖国』は、一九八四年にNHKの大河ドラマ「山河燃ゆ」というタイトルで一年間放映され、話題を呼んだ。

主人公のアメリカ生まれの二世は太平洋戦争中、語学兵（MIS）として太平洋戦線に出兵するが、かたや弟は日本に留学中に日本陸軍に徴兵され、フィリピンの最前線で兄弟が敵として出会う、というドラマチックな場面がある。

この小説は日系アメリカ人の数家族の実話を基にして作られているようだが、今回取り上げる、福原ハリー克治と福原フランク克利兄弟とはこれの基となっている。実話をヒントに山崎豊子は、この小説を発表したのだ。

現在、弟の福原フランク克利は名古屋にほど近い小牧市に居住している。かたや兄の福原ハリー克治はカリフォルニアのサンノゼ市に住んでいる。

私が第一回目の聞き取り調査で渡米中、兄の克治を他の二世の方から紹介いただいた。その克治と電話で話している時、弟の克利と私の自宅とは大変近い距離にあることが分かり、心よく弟を紹介してくれた。

私の現在居住している名古屋の自宅から克利までの自宅は車で二〇分くらいで、現在も時々会っている。

私自身、山崎豊子の『二つの祖国』を読んで以来、戦争に翻弄された二世たちに多大なる関心を持ってきたわけであるが、こんな近くにそのモデルが現在も元気に生きているという事実には少々驚かされた。

父の死により一家で広島へ

福原フランク克利は、一九二四年（大正一三年）八月二五日、ワシントン州シアトル、アトランティック街で父、克二と母、キヌとの間に生まれた。

克利は兄が三人、姉が一人という五人兄姉の末っ子である。

職業紹介所をシアトルで経営していた父は一九三三年、克利が九歳の時、急逝したため、福原一家は両親の出身地の広島へ渡った。

広島市内の白鳥小学校に通うことになるが、当初はやはり日本語がよく分からずに苦労した。とりわけ読み書きは大変だったという。しかし、まだ子供だった克利はまたたく間に日本語を覚え、半年も過ぎる頃には日本語はマスターしてしまった。

福原フランク克利

広島へ渡っても、兄たちや姉とは普段は慣れた英語で話しているので、しばらく英語は忘れなかった。戦前の日本はどこへいっても、女性は男性より下と捉えられており、常に男が優先される社会であったため、レディファーストの中で育ってきた姉、メリー久恵は、そんな日本を好きになれなかった。姉は日本に嫌気がさして一九三七年、帰米した。

引き続き兄のハリー克治も一九三八年、帰米したため、英語を話す機会が薄れ、次第に英語を忘れてしまった。

一九三九年春、白鳥小学校を優秀な成績で卒業した克利は、広島の名門、広島一中（現、県立国泰寺高校）に入学する。

当時の一中は文字通り質実剛健をいく学校で、とにかく厳しい決まりが多くあり、先輩からいつも何かと理由をつけられ殴られたものであった。一中時代を思い出し、克利はいう。

「そりゃ、一中は厳しかったですよ。ほんとうによく殴られたもんだ。あれは軍隊みたいなもんだったね。たとえば、ある日、自宅の庭で青い服を着ていてくつろいでいたら、通りがかった一中の先輩が、その服が派手で生意気だっていうでしょ。ちょっとこいっていわれて、いきなり拳骨ですよ。家にいてもこんなふうだから、学校内ではほんとうにピリピリしていましたよね。私は陸上競技部に所属していたけど、この練習の時だけはリラックスできたですよ。指導の先生も優しくてよかったしね」

専門学校（大学）進学、そして徴兵される

そんな厳しかった中学時代も何とか乗り切り、克利は一九四四年三月、無事一中を卒業し、高岡高等工業専門学校（現、富山大学工学部）金属工業科に入学する。

入学したといっても、時は戦争の真っ只中である。日本軍は圧倒的な力を有するアメリカ軍相手に不利な戦いを強いられており、克利たちは軍事教練や軍需関連工場での勤労奉仕に明け暮れ、まともに勉強する時間はなかった。

一九四三年一〇月から大学生や専門学校（現在の大学に相当する）生たちに徴兵の猶予が廃止され、多くの学生は学業半ばで戦争に駆り出されていった。しかし、それは文科系学生のみに適用され、理科系学生にはまだ徴兵は猶予されていた。

が、戦場では多くの兵士が戦死していき、深刻な兵不足が発生していたため一九四四年の秋、一九歳以上の理科系学生にも徴兵の令が下った。

一九四五年四月一日、沖縄にアメリカ軍が上陸する。

いよいよ日本も追い込まれてあとがない頃、四月一〇日に克利は日本陸軍に徴兵された。早速、広島第五師団第一一連隊に配属されるが、初年兵教育後の六月末、護州二二三五三部隊へ転属となり、九州の小倉にて実戦訓練を受ける。

しかし、終戦間際であり、全国から中年男子までをもかき集めたためか、初年兵たちには自分の親のような者までもが混じっていたという。当時を思い出し、克利は語る。

「とにかく、もう終戦間際の徴兵だから、何か部隊に統一性がなくてね。指揮官もあまりやる気がなかったように思ったよね。徴兵された者も、もちろん若者もいたけど、中には中年で子供がたくさんいるっていう人もいてね。でも、歳くってても初年兵だから我々と同じ待遇だし、古年兵からしょっちゅうぶん殴られるでしょ。ほんとに可哀そうだったです。古年兵といっても、年齢が二〇歳も下のような子供のような連中からしごかれるんだから、惨めですよ、その光景は」

訓練は、アメリカ軍が日本本土に上陸してくることを想定して行なわれた。しかし、まともな戦いは想定しておらず、毎日、自爆攻撃の訓練ばかりであった。

「毎日、爆弾をかかえて、敵戦車に突っ込む訓練ばかりですよ。まあ、あんな訓練ばかりだったから、日本は一体どうなるのかと不安ばかり募りましたね。

あと、脱走者がよくでたので、これの捜索が多かったなあ。けっこう脱走者がでるようだったので、部隊の士気はすごく低かったですね。よく殴られたけど、中学時代の方がびしっとして厳しかったですよ」

と敗戦色濃い、当時の日本軍の状況を、克利はため息交じりに語った。

ただ強く印象に残ったことが一つあり、彼は驚きの表情で語る。

「ある日、大隊長の大尉が私を呼びつけるんですよね。で、いきなりこういうんですよ。

『おい、お前の隣の中隊の中隊長はアメリカ出身の二世だそうだから、そちらに移りたいか?』。いや、びっくりしたよね。二世が中隊長をやってもおかしくはないけど、なぜ大隊長のような偉い人が私の経歴を知っていて、そして隊を移してくれるっていうんだから。嬉しかったけど、結局、終戦間際で部隊は同じままでしたね」

その頃、兄の克治はアメリカ陸軍の語学兵として南方戦線を転戦していたが、アメリカ軍は一九四五年秋に九州上陸作戦を予定していたため、それが実行されれば兄弟で戦うということも考えられた。山崎豊子の小説のように、戦場で敵味方に別れた兄弟が、一戦相交えることもあり得たのだ。

日本軍時代の福原フランク克利

当時克利は兄、克治のことはどう考えていたのであろうか。

「兄貴（克治）は広島の中学（現在の高校）を卒業すると、すぐアメリカへ帰っちゃったでしょ。帰る時、母が兄貴にアメリカ軍に入るんじゃあないよ、と念をおしていたのを覚えてます。その後、兄貴が強制収容されたことも、アメリカ軍に入ったことも、もう何の情報もないもんだから、一体どうなってるんだろうと思ったりしたことはあったけど、何せこちらも日本で生きていくのに精一杯だから、とにかく申し訳ないけど、兄貴のことまで心配する余裕はとてもなかったね」

と、苦笑いしながら語った。

兄の戦争

兄、克治は現在、カリフォルニア州サンノゼ市に健在である。

ここはシリコンバレーに近く、最近ＩＴ産業の発展とともに急速に栄えてきた都市である。そのサンノゼの閑静な住宅街に、克治は妻と二人で老後を送っているが、長年アメリカ陸軍の要職にあったため、現在でも日系人団体の会長をしたり、各界の著名人との交流も続いている。

また戦後、高級将校として日本に長く駐留していた関係で、得意の日本語力を生かして、日本の著名な政治家や官僚たちとの親交が現在も続いている。

しかし、彼の人生も戦争により大きく変わってしまった。私が克治宅を訪問したのは、夏の暑さが厳しい九月の初めであった。

克治は一九三八年、二世が多く在籍していた広島の山陽中学を卒業と同時に帰米するが、身寄りのなかった彼は日雇いの仕事をしたり、レストランの皿洗いなどをしたりした後、ロサンゼルスで白人の家庭のハウスボーイをしながら大学に通う。

しかし日米戦争勃発により、アリゾナのヒラリバー収容所に強制収容される。収容された三か月後の一九四二年初夏、アメリカ陸軍の語学兵募集に応募し、簡単な日本語と英語の試験を受け合格する。

ただちにミネソタ州、キャンプサベッジにある陸軍情報部語学学校（通称ＭＩＳ）に入校し、克治は日本兵が残した文書や手紙を翻訳したり、捕虜の尋問の方法を学んだりした。日本語能力の高かった彼は基礎訓練を終えると、一九四三年夏、早々と南方の最前線に出兵した。

彼はニューブリテン島からニューギニア戦線にいき、運命的な出会いを経験する。

ハリー福原

「一九四四年五月、アイタップの日本軍捕虜収容所で二人の日本軍捕虜がいたんですね。ある時、一人の二世の語学兵が、私に『あの捕虜はお前を知っているといっているぞ』というんだな。私はびっくりしたが、実際その捕虜を見ても、誰だかよく分からんのだな。しかし、胸の名札にマツウラ・シゲル（松浦滋）と書いてあって、すぐ思い出しました、ほんとうにビックリしましたよ。
彼と私は歳も同じで、広島の家もすぐ近所だったから、よく私は覚えてました。まったく痩せこけて、昔の面影はなく、生きる屍《しかばね》といった感じかな。でもこちら（自分）は食事もきちっと摂《と》っているし、まともな顔をしてるから（笑）、松浦は私のことを分かったんでしょうね。

でも、彼はさかんに捕虜になったことを恥じて塞ぎこんでいて、それこそ自殺をもしそうな雰囲気だったんだな、それが。日本にもう帰りたくないっていってるし、確かに彼は陸軍に志願して、階級も下士官の一番上の曹長だから、捕虜となった自分が惨めだったんでしょうね。だから、私はいろいろ説得してやりました。結局、松浦は何とか私のいうことを聞いてくれましたよ」

彼は六〇年以上前の出来事を、昨日のように語る。

「そして彼は、死んだ兵隊の腐った指を持ってるんですよ。私がそんなもの捨てろといっても聞かんのですよ、松浦は。何だか、その指は自分と一番親しかった部下のものだったようで、遺族に何とかその指を届けるんだといって、聞かんのですよ。

まあ、生死をともにした部下のものだから、私はそれ以上いいませんでしたけどね。松浦のことといえば、短い時間だったが、あんな戦場で偶然再会したことも驚いたけど、なぜか死んだ戦友の指を持っていたことも、強く印象に残ってますね」

思わぬ戦場での同窓会のような形になってしまったが、克治は久しぶりに広島時代の友人と、皮肉にも敵として再会を果たしたのであった。

戦場で克治が再会した松浦に関しては、弟の克利もよく覚えており、このように語った。

「兄貴から、松浦さんのことを聞いて私もびっくりしました。松浦さんは家も近かったし、すぐ近くに私と親しかった二世も住んでいたので、よく会いましたね。でも、彼は辛かったんじゃないのかな。白旗揚げて捕虜となったわけではなく、負傷して前後不覚のところを米軍に捕まったそうだけど、そりゃ、辛かったでしょ。

志願兵で、しかも戦争経験豊富な階級の高い曹長だったわけだから、悔《くや》しかったと思いますよ。だって、当時の日本軍には捕虜になるという考えはまったくないというか、存在していなかったですからね」

原爆で肉親を失い、そして終戦

兄、克治が広島に原爆が落とされたのを知ったのは、フィリピンの捕虜収容所にいた時であった。

広島に新型の超強力爆弾が投下されて、住民はすべて死に、今後何十年は草木一本も生えないであろうということを聞いた。

克治は動揺を抑えることができなかった。捕虜になっていた日本兵たちにその事実を知らせると、みな日本兵は下を向き、ふさぎ込んでいた。みなはじーっと下を見て、一言も喋らない。その時の光景を見て克治は、

「私も日本に対しては特別の思いがあるし、ましてや自分が五年住んだ広島でしょ、複雑でしたね。日本兵たちがみな下を向いているのを見ると、私も非常に悲しくなりました」

と、その日のことを鮮明に語った。しかし、克治にとって一番心配なことは、広島には愛する母や家族が住んでいたことだった。

一方、小倉で毎日、敵戦車への自爆突撃の訓練をしていた克利も、その新型爆弾が広島に落とされたことを聞いて動揺した。母は、兄たちは大丈夫だろうか……と。

一九四五年八月一五日の終戦を弟、克利は冷静に受け止めることができた。その頃の日本軍の状況を見ても、広島に新型爆弾が落とされていたことから判断しても、すべて日本はもう崖っぷちに立っていたことが分かっているからだった。ただ、広島にいる家族のことが心配だった。

かたや兄、克治は終戦を聞いて安堵した。

「九州上陸作戦がしきりに噂されていたでしょ。でも、日本国内で日本人とだけは戦いたくなかったたな、ほんとに。だから終戦を聞いて、ひとまず安心しましたね」

克治が所属していた米軍第三三師団は、駐留軍として南方戦線からそのまま日本に向かった。

一九四五年九月、少尉に任官した克治は七年半ぶりに日本の土を踏むことになる。神戸で師団長の通訳として活躍したが、任務の間でも、彼は広島の家族のことを思うと不安でならなかった。彼は上官に実情を伝えると、数日の休暇と当時立ち入りが禁止されていた広島行きの許可を得ることができた。しかし、広島までの道路は空襲で分断されており、またいたるところで交通止めとなっていて、結局、広島へいけたのは一〇月初めとなってしまった。

ジープで一六時間もかけて、広島へ辿り着いた。当時を思い出して彼は語る。

「広島に着いたのは、夜中だったのでもう真っ暗でしょ。町の中はほとんど破壊されており、もう廃墟同然でしたね。しかし何とか記憶を呼び起こして、朝、実家に辿り着いたですよ。玄関でごめんください、というと、母と叔母が出てきてじーっと私を見るんですね。ハリーだよ、といってもぽかーんとしてるんですよ。確かに、久しぶりだし、こちらは米軍の制服を着てるし、何が何だかわけが分からなかったんでしょうね。母は私が米軍に入ったなんてことはまったく知らないしね」

その頃、弟の克利も日本軍を除隊して早速《さっそく》、広島の実家に訪れた。それは一〇月中旬、兄の克治が実家を訪問した直後だった。

克利が広島の実家に訪れると、母はもちろん大変喜んでくれたが、二階に寝たきりの長男、ビクター克己を見るに及んで心が沈んだ。長男はたまたま日本の軍隊から休暇で帰って、広島にいたのだ。

「実家にいってみると、母は元気そうだったのでひとまず安心しました。でもね、二階に上がると一番上の兄がすっかり弱って寝てるでしょ。被爆したからですよ。直感でもう長くはないな、と思いました」

と下を向いて喋った。

その後一〇月一八日、克治と克利は神戸で久しぶりに兄弟再会を果たす。

兄は米軍の将校であり、弟は敗戦国日本の元日本兵であったが、互いの立場は異なってはいても、そこは血肉分けた兄弟であり、感激の再会をした。これはアメリカの日系の新聞にも、その記事が大きく報道された。

結局、広島に落ちた原爆により長男、ビクター克己は数か月後に亡くなった。母は原爆が投下された時は家の中にいて、難を逃れたが、直後、街に出て歩き回ったのが悪かったのか、被爆症状により戦後十数年を経て亡くなった。

弟、克利は戦後GHQで勤務した後、アメリカ軍のCIC（対情報部）に所属し、空軍の軍属として十数年、通訳などをした。

「戦争が終わって通訳やれっていわれたけど、何せもう英語なんて忘れてましたよ。だから困っちゃってね。まあ無理やりやらされた格好だけど、それがね、アメリカ人と喋っていると、不思議に英語が自然と口から出てくるんだね。不思議だよねえ。やっぱり、小さい頃覚えた言葉ってのは忘れないんだよね。まあおかげで、戦後日米間のいろいろな交渉の通訳をして、役立ってよかったと思ってます」

と幼少時、身についた英語が役に立ったことを語った。

四回、国籍が変わる

現在弟、克利はハワイに別荘を所有し、頻繁に日本とアメリカを行き来している。彼と日本語で話している限りはどこからどう見ても、純然たる日本人である。

しかし、英語の発音は日本人のそれとは異なり、アメリカ人の発音である。そして、もっとも興味深いのは彼の国籍である。国籍に関して彼は、こう語った。

「今、私はアメリカ人です。国籍はアメリカです。でもほんと、私の国籍はややこしいんだね（笑）。まず、生まれた時はアメリカ国籍でしょ。親父は日本の領事館に出生届を出さなかったからアメリカ国籍だけで。だからまず、アメリカ人ですよ。それから、広島へ帰ってから、日本国籍を取得しました。だからしばらくは二重国籍ですよ。それから軍隊（日本軍）に徴兵されたでしょ。だから終戦直後、アメリカ国籍は没収とともに日本国籍だけです。それから昭和三七年頃、アメリカ政府から国籍を回復させてやるっていうんで、アメリカ国籍をもらいましたよ。だからまた瞬間、二重国籍に戻ったわけ。でもね、僕は嫌だったの、日本国籍が。だってまた日米戦争が起こって日本軍に徴兵されたら、また負け戦《いくさ》しなきゃならないからね（笑）。だから、アメリカ国籍回復と同時に日本国籍は捨てました。それからはずっと今までアメリカ国籍なんだよね。だから今、僕はアメリカ人です。

結局、最初はアメリカ国籍で、それから二重国籍になって、それから日本だけになり、また瞬間、二重になり、そしてアメリカだけになったというわけ。ややこしいね。まあどっちでもいいけどね（笑）」

兄弟で敵味方に別れ、戦争が長引けば兄弟で殺しあうことも考えられた。

現在、カリフォルニア州に住んでいる克治と、愛知県に住んでいる克利とは距離は遠いが、私には大変仲がよい兄弟に見えた。

兄の口からも弟の口からも互いの話がよく出たし、私が弟の克利と面会している間も時々、時差を気にしながらも、事実確認のためアメリカにいる兄、克治に電話していることがあった。話している言葉が英語であるのが、私には何とも奇妙にも見えたが、それは彼らの日本語が完璧であるからかもしれない。


福原家は広島に落とされた原爆により、長男と母を失うことになってしまった。日米戦争、国籍問題など、いろいろ多難だった兄弟には、日米戦争の間で二つの祖国に翻弄された日々があったことは事実であろう。

しかし現在の二人を見ると、そんな多難だった人生が感じられないほど元気に暮らしている。

日米戦争という歴史が起こした運命には、抵抗しても仕方がないといった諦観を私は感じざるを得なかった。

5　シベリアに抑留される

佐野ピーター巌

佐野は本書のプロローグにて若干紹介したが、彼は私が二世たちの調査を始めるきっかけとなった恩人である。また、私が初めてコンタクトできた「日本軍兵士になったアメリカ人」である。

佐野ピーター巌は、一九二四年（大正一三年）、カリフォルニア州南部インペリアルバレーのブローリーで父、市蔵、母、つたの三男として生まれた。

インペリアルバレーはメキシコとの国境近くの内陸部にあり、夏は大変暑く摂氏四〇度を超え、日中外で立っているだけでも大変な場所だといわれている。

父は静岡県の出身で、二二歳の時、日本を発ち、一九〇五年（明治三八年）、メキシコ経由でアメリカに入国した。

農場で働きに働いて、少しまとまった金を貯めた後、ブローリーで三二ヘクタールの土地を借り酪農業を営んだ。そして大成功を収めた。

その後、見合い結婚のため日本に戻り、一九一六年、夫婦でアメリカでの生活を始める。一家は幸せな生活を送っていたが、次男のジョージが三歳の時、彼は間違ってアルカリ液を飲んでしまい、喉と食道をひどく痛め、その後数年間、苦しい毎日を送った。

母はそんな息子を不憫に思い、妊娠していたにもかかわらず、日本に帰って治療を受けさせようと思い、一九二二年、東京に渡った。

東京で長女米子を出産した母だったが、息子の治療も思うにならなかったため、再び渡米した。しかし治療空しく、ジョージは五歳でこの世を去った。

ピーター佐野自宅。パロアルト市

佐野家にとっては不幸であったが、もう一つ厄介な問題が発生した。それは長女米子の国籍問題である。

ジョージの治療のため日本に帰国中に母は長女、米子を生んだため、米子にアメリカ国籍は与えられなかった。アメリカで生まれれば誰でも国籍は取得できるが、アメリカ国外で生まれた日本人の子供には国籍が与えられなかったのだ。

しかし、米子は一四歳の時、渡米し、アメリカ政府に国籍取得や永住権取得の願いを何度も申請したが、結局、永住権すら手に入れることはできず、日本にたった一人帰ることになってしまった。米子は現在でも東京に住んでいる。

戦前の日本では家が途絶えることを嫌い、女しか子供のいない家族には養子をもらったり、子供がいない場合も養子をもらったりしたものである。

佐野の母方の伯父には子供がなかったため、親戚で話し合った結果、佐野が伯父の家に養子として入ることになった。それは佐野が一四歳の時だった。当時を思い出して佐野はいう。

「たった一人で日本に養子にいくことに対しては、私は何も考えなかったですよ。親が決めたことだから何も抵抗もしなかったです」

一五歳で日本へ

一九三九年（昭和一四年）、佐野は一五歳の夏に一人で日本に渡ることになった。ロサンゼルス近くの波止場で浅間丸に乗船し、紙テープを持ちながら自分をずーっと見ていた両親の姿が、今でも忘れられないと佐野はいう。

しかし、「特に寂しいという感情もあまりなかったと」と佐野は淡々と語った。

約一か月の船旅の後、浅間丸は横浜に着いた。

港では伯父、叔母と姉の米子が出迎えてくれていた。

これから母となる叔母は涙ぐんで、佐野の来日を心から喜んだ。一人日本で親戚に預けられていた姉の米子も、久しぶりの弟との再会を大変喜んでいた。

その後、山梨にある伯父の実家に向かい親戚回りをしたが、日本語はよく分からず苦労し、ただ佐野はみなに頭を下げて回ったのである。訪問した家ではお茶や和菓子がふるまわれたが、どれも佐野には珍しいものであった。

佐野は語る。

「私はただ、日本人になろうと思いました。その時はそれだけしか考えなかったです」

その後、日本語をみっちり勉強し、一九四〇年（昭和一五年）四月、佐野は東京の立正中学（旧制）二年生に編入学した。

その頃の中学といえば、必ず軍事教練が正式科目で、軍人の教官から厳しく指導を受けていた。初めて受けた時、教官が「右向け、進め！」といわれたが、佐野は左に進んでしまい、みなから大笑いされた。教官は佐野がアメリカからきたことを知っていて、大目に見てくれた。佐野にとってはどれもこれも、なじみのないことが多く苦労が多かった。

開戦後数か月を経た一九四二年四月一八日、ドゥリットル中佐率いるB25爆撃機一六機が東京を空襲した。

佐野はその時、授業を受けていたが、大空に飛ぶ巨大なアメリカの爆撃機を見て驚いた。しばらくして、日本軍の戦闘機、ゼロ戦（零式艦上戦闘機）が飛んでいくのが見えた。その時、クラスメイトの少年は佐野にいった。

「どうだ、日本のゼロ戦はすごいだろう。アメリカのとは違うだろ」

日本人になろうとしていた佐野には、何とも嫌味な言葉に聞こえたのであった。

その後、日本軍は敗戦につぐ敗戦を重ねて、兵士が大変不足し、若者以外の中年も徴兵されるようになる。立正中学の四〇歳前の教師も徴兵されることになった。

職員室にいた佐野は、ある教師が徴兵されたその中年の教師にかけた言葉が気になった。

「その先生は、徴兵された先生に『（徴兵されたことを）おめでとうというべきか、何というか……』というんですよ。私は変なことというなと思いましたよ。日本のために戦うのだから、光栄なことじゃないかと思いました、私は」

佐野は、完全な日本人になりかかっていたのかもしれない。

一九四五年二月、中学を卒業した佐野に、ついに日本陸軍から赤紙（召集令状）が届いた。佐野はそれを当然のように受け止めた。ここは日本であり、自分は日本人になった？　のだからと。

「私は徴兵を待っていたんです。日本のために戦うんだと。でも、心のどこかで他のことを思っているんですね。ほんとに徴兵を待っているのかと。家族は自分が徴兵されたと聞いて、どう思うのだろうかと。カリフォルニアの学校の友人や教会の友達は、今頃どうしているんだろう、って思いました。でも、最後には日本に忠誠を尽くすんだという気持ちになりましたが」

戸惑いながらも、懸命に真の日本人になろうとしている佐野の気持ちが読み取れる。

徴兵され、満州へ

三月一日、佐野は東京世田谷にある陸軍第一二連隊に入隊した。

初年兵訓練とは通常、大変厳しいものであるが、佐野はさほど厳しく感じなかった。すでに心構えは十分にできているからであったかもしれない。訓練の中に、爆弾を抱えて敵戦車に突っ込んで自爆するというものがあったが、それも佐野は冷静に受け止めた。国のために死ぬのなら、それも栄誉なことだろうと考えた。

一週間後、連隊に朝鮮方面へ派遣の命令が下り、佐野は東京をあとにする。

二日間をかけて、汽車で九州の博多へ移動した。

途中、空襲で汽車が敵戦闘機に狙われそうになったが、何とか無事到着した。翌日、博多港へ着くとすでに輸送船は待っていて、兵隊たちは早速、乗り込んだ。

雨が降り出し、風も強く荒れた天気の船出となった。船は揺れに揺れ、ほとんどの兵隊たちは船酔いをし、食事も摂ることができず、ぐったりと横になっていた。しかし佐野は船酔いをしなかったため、他の兵隊の食事まで自由に食べることができ、幸運だった。

分隊長の下士官が、「大陸に着いたら、こんなもんではすまないぞ」とみなに半分笑いながら怒鳴る。続いて、「この辺にはアメリカの潜水艦が我々を待ち構えているが、こんな悪天候では攻撃もできないので、安全だ」といった。ぐったりした兵隊たちはそれを聞いて、やや安堵の表情をした。あとになって判明したが、この船は戦中、日本から大陸に渡った最後の輸送船だった。

悪天候の中、敵潜水艦の攻撃を受けることもなく夕方、釜山に着いた。

夜、部隊は列車で朝鮮半島を北に向かって走る。列車はどんどん北へ向かい、気温もそれに伴い下がっていった。三月一五日、満州の北部ハイラルに到着した。

関東軍第一一八連隊に佐野の部隊は所属することになり、いよいよ身が引き締まる思いをした。

その頃の自分の心境を、佐野は語る。

「関東軍に入った時、面接があって、担当将校は私がアメリカからきたってことは知ってたんですね。私はそのことが嫌だったけど、特にそれ（アメリカ生まれ）に関しては、何も聞かれなくてよかったです。でも、私は自分の生まれ育った国と戦うことに少しだけわだかまりがあったので、満州に送られてほっとしました。南方戦線だったら、アメリカと直接戦うことになるでしょ。ちょっと考えますよね。私は日本人になろうとしていたんですが、特にアメリカが敵だという感覚はなかったですからね。

東京で、空襲を受けてもそれほどアメリカに対して敵愾心《てきがいしん》はなかったです。でも学校に通っている時、クラスの生徒はよく私に、日本の方がアメリカよりすべての面で優れているんだ、とよくいいました。だから、彼らは私のことを純日本人とは思っていなかったんだと思いますよ。でも、アメリカでは日系人は実質的には、アメリカ人としても見なされていなかったので、複雑でしたね。自分はどっちつかずの人間かなと。だから自分は、ほんとうの日本人になろうとしたのかもしれないです。そんなことを、関東軍に入った時、考えていたことを思い出しますね」

「日本軍兵士になった自分」は、目の前の現実を受け入れざるを得なかったのだった。

佐野は関東軍第一一八連隊第二大隊中隊本部、第四班に配属された。

この連隊は野戦重砲隊であったが、佐野は電話通信を担当することになる。

基礎訓練が毎日続いたが、何せ武器も少なく、重砲隊といってもまともな砲はない。ほとんどの砲は南方戦線に送られてしまっていたのだ。また輸送車はあっても、それを動かすガソリンが乏しく、兵隊が後ろから押して車が動くという寂しい状況であった。

佐野は、アメリカにいた時のことを思い出していう。

「冬のインペリアルバレーでは、ドラム缶に石油をいっぱい流して火をつけ、その周りでみながよく暖まったものです。それに比べ、満州ではひどかったですね。ほんと、こんな軍隊でアメリカに勝てるのかと思いました」

軍隊では休みの日に演芸会と称して、芸達者な兵が劇をしたり、歌に自信のある者はみなの前で美声を聞かせたりしたりして、兵隊を和《なご》ませた。

ある時、この演芸会で佐野は上官から何か一つやってみろといわれた。

佐野は困ったが、アメリカにいる時よく歌った日本の唱歌、「椰子の実」を歌うことにした。しかし、日本語ではうまく歌う自信がなかったので、英語で歌うことにしたが、敵性言語などで歌うわけにもいかず、思案した結果、これはマレー語であるといって、みなの前で歌った。外国語で歌う兵など誰もいなかったので、みなは神妙な顔をして聞いていた。

しかし、学歴の高い上官たちは、それが英語であることはもちろん分かってはいたが、それをとがめることもなかった。ほとんどの上官は佐野がアメリカ出身であることを知っていたのだ。

しばらくして、幹部候補生の受験案内がきた。中学（現在の高校に相当）を出たものであれば、誰でも幹部候補生受験資格があり、佐野はこれを受け、難なくパスした。

当時中学卒業者はあまり多くなく、大部分の者は高等小学校を卒業して教育は終了したものである。よって中学を卒業した者の多くは、この幹部候補生試験を受けたのだ。

幹部候補生とは、最低でも兵の上階級である下士官になることが約束されており、一方、兵の上の将校になることも可能であった。佐野は幹部候補生として訓練を受けたが、それは一九四五年八月の初めであった。幹部候補生訓練を受けて僅か一週間後、担当将校からこの訓練を終了し、全員原隊に帰るよう指示される。

あとから知ったことだが、ソ連が日本との不可侵条約を破って満州に侵入してきたのだ。

八月一五日の終戦を、佐野は疑問を持って受け止めた。

佐野は満州の南へ移動している最中に、他の兵から日本の降伏を聞いた。

佐野は語る。

「日本が負けたって聞いたんですが、私は最後まで日本軍は戦い抜くものだと思っていましたから、信じられなかったです」

列車は南下を続け、チチハルの南近くのフラルギーという町で、兵隊たちは下ろされた。上官から、身に着けている武器はすべて返納するように命令される。佐野は日本が本当に負けたのだと、この時、実感した。

そして、部隊の兵士は全員、チチハルの郊外まで歩き、大きな門に到着した。そこにはたくさんのソ連兵が待ち構えていて、日本兵に中へ入るよう指示した。

ソ連兵の顔に笑顔はなく、佐野は捕虜になったことを実感した。三年弱に渡る厳しいシベリア抑留生活が始まるのである。

シベリアに抑留される

チチハルの捕虜収容所での生活は、一九四五年八月下旬から始まった。気候はまだ夏の終わりということもあり快適だったが、九月に入ると気温がぐんぐん下がっていった。

当初、仕事は雑役が主で、工場の掃除から貨物列車の荷の上げ下ろしから何でもやらされた。日本とソ連が戦争を行なったのは僅か一週間ほどであったため、ソ連兵たちは日本兵たちにあまり悪意を持っていなかったようだ。九月中旬に入ると、毎朝の最低気温は零度以下になり、朝起きると一面は霜が降りていた。この頃から炭鉱での仕事が増えて、重労働が増していく。

重労働も苦しかったが、一番の苦痛は、食事が少ないことだった。パンとスープばかりの食事にも閉口したが、重労働をさせられた兵隊たちを満足させる量ではなかった。

食事は配給だが、各自に配られるパンの微妙な大きさの違いや、スープの量など、日本兵の中で争いが頻繁と起きた。しかし、ソ連兵はどうかと食事を見ると、日本兵と大差ないような食事の内容であり、ロシアもずいぶん貧しいものだと思った。

毎日の重労働、寒さ、貧弱な食事で佐野は疲れていた。

ある日、佐野は自分の手足がむくんでいることに気づいた。同僚の兵から顔が腫《は》れていることも指摘され、それは栄養失調であることが明白であった。

ベッドで動けずに休んでいると、上官が「貴様はみなと同じように食うのに、仕事をしたくないから、仮病を使っているんだな」といって、佐野を叱責し、意識を失うまで殴った。同僚二人が佐野をベッドまで運び休ませてくれたが、ぐったりして意識がほとんどなかった。夜中、尿意をもよおし便所にいこうと外に出てふらふらと歩いている時、つまずいて転んだ。立ち上がれず、凍った雪の上で意識不明となってしまう。

そのまま朝を迎えれば間違いなく命はなかったであろう。しかし、その夜は格別寒い夜であり、同僚がしばしば便所にいったため、佐野は発見された。佐野の足や手の指先は凍傷で変色していた。

親しい兵たちが何人も集まって、みなで指をもんで暖めてくれた。そのうちの一人が、佐野を意識不明になるまで殴った上官に対して激しく抗議した。明らかに栄養失調だった佐野を、なぜそこまでして殴ったのか、攻めた。戦争は終わっているといえ、部下が上官に対して激しく叱責するということは珍しい。

医務室に運ばれると、医師は「もう手遅れかもしれないが、カンフル注射を打ってみる」とあきらめ顔でいった。佐野は注射を打たれると、倒れるようにベッドに横になった。

翌日の午後、佐野は意識を取り戻した。結局、病院には四か月いてようやく体調を戻したのであった。しかし、日本兵への食料はますます悪くなるばかりで、栄養失調で倒れる者が続出した。

五月頃から何となく春の気配を感じて、六月になると暖かい春となり、一気につかの間の夏が訪れ、八月後半には秋となり寒くなる。

シベリアはほとんど寒い。暖かいのはほんの二か月あまりなのだ。

佐野たちは寒い中、貧弱な食料とバラック作りの不十分な住居で、重労働を強いられた。敗軍というレッテルを貼られた以上、すべての条件を甘受せざるを得ない。悪条件の中、多くの日本兵は帰国することなく死んでいった。

残された兵たちの望みは唯一つ、「ダモイ」(ロシア語で帰国を意味する)であった。ダモイだけが兵隊たちの心の支えだったのだ。

日本兵捕虜たちも、どこで労働させられるか、その場所で条件は著《いちじる》しく異なり、運命の別れ道となる。

ある部隊は宿舎から遠い森林での伐採に割り当てられたが、行き帰りもかなりの距離があり、寒い中、これだけでもかなりの体力を消耗してしまう。必然的に労働効率はかなり落ちるため、半分くらいの日本兵は死んでしまった。

ある者は仕事中に倒れ、そのまま死んだ。死骸は雪の中に埋められた。彼らの死を一体、日本にいる家族にどう報告したらよいのだろうか。生き残った捕虜たちは苦慮の日々が続いた。

佐野は厳しい炭坑での仕事を命ぜられた。日本兵捕虜たちがもっとも嫌がる仕事だが、文句もいえず従うしかない。

ここで、事故で命を落とした捕虜を数回、目《ま》の当たりにした。

一回目は炭坑の外で休憩している時、森から切られた大木が積んであった場所で起こった。大木の間に馬鈴薯が落ちているのを数人の捕虜が発見し、それを取ろうとした時、積んであった木々がいきなり崩れ落ちたのだ。二人はからくも逃げたが、一人には大木が頭を直撃し即死であった。まったく運が悪いとしかいいようがない。彼は馬鈴薯と心中したのだといわれた。

炭坑内で次の事故は起こる。

炭坑内を走る石炭をいっぱい積んだトロッコが、カーブで重量を支えきれず脱線し、レールも一緒に外れてしまい、捕虜の頭にぶち当たってしまったのだ。真っ赤な血を出していたが、彼も即死だった。

作業服は血まみれになっていたが、佐野は自分のより、その作業服の方がかなり新しかったので、みなの許可を得てそれを着た。佐野は自分が惨めだったが、とにかくシベリアで生きていくためには、手段を選ばないという非情さを取らざるを得なかった。

他にも落盤で死んだ捕虜がいたが、どの事故も即死だったのがせめてもの救いだったかもしれない。重傷を負って、苦しみながらも死んでいくよりはましなのだ。シベリアとはそんな辛い場所でしかなかった。

ある日、日本軍の航空兵だったという大尉が佐野を訪問した。大尉は英語で書かれているロシアの小説を読んでいたが、読解できない部分が多々あり、佐野に教えを請《こ》いにきたのだ。

この苦しい時期に優雅に英語の本が読めるとは、さすがに将校は違うなと思いつつ、佐野は気軽に大尉に英語を教えた。それを聞いてか否か定かではないが、ある時、衛生兵が佐野を訪れ、人事部の担当者が佐野に会いたがっていると伝えた。

さっそく二人で人事部を訪問すると、担当者は佐野に、「ロシア語―英語辞典があるが、お前に英語を日本語に訳して欲しいんだ」といった。ちょうど佐野にはうってつけの話だ。辞書を翻訳するにはかなりの時間を要するが、その間は炭坑で働く必要はないということだ。

こんないい話はない。佐野はすぐ翻訳作業に取り掛かる。以降数か月は重労働も課せられず、毎日辞典作りに励んだ。佐野にとってはシベリアでのつかの間の楽な日々であった。

帰郷

一九四八年五月、厳しかった冬もようやく終わりを告げて、春がすぐそこにやってきたと感じたある日。

昼食を摂っている時、集合の命令がかけられた。ただならぬ気配を感じた兵隊たちは、緊張の表情を見せながらも、ただちに集まる。そして、みなが待ちに待ったダモイ（帰郷）が決定されたことを告げられた。

日本兵たちに喜びのざわめきが起こった。どの顔にも笑みがこぼれている。しかし、佐野にはこれで帰れるのだと思っても実感がなかった。

もっと喜んでいいはずだが、素直になれない自分に佐野は気づいていた。長い三年弱の収容所生活を送っていて、急に日本に帰るぞといわれても、実感がないのだ。

日本への帰国が決まると、作業は即取りやめになり、急ぎ身の回りのものを片づけさせられた。みな心は有頂天であり、中には鼻歌まで歌っている者もいる。

佐野たちは、列車に乗せられて東へ走った。

数日後、ナホトカに到着した。いよいよここから船に乗って日本へ帰ることができると思うと、ようやく佐野は嬉しくなった。

約五〇〇〇人を乗せた船はナホトカを離れ、舞鶴港へ向かう。

船が岸壁を離れても、日本兵たちはずっと岸を見つめている。長かった収容所生活、過酷だった労働。寒さと飢えで亡くなっていった多くの戦友たちを思うと、心の中は複雑であったのだろう。

船上では思わぬ出来事が起こった。

日本の憲兵が、シベリア抑留時日本人でありながらも、ソ連に洗脳されて「赤」に染まった者が二名、この船に乗っており、彼らを処分するべきだと扇動した。他の日本兵たちもこの意見に賛成であり、二人を海に放り投げるべきだという意見が多い。みなは二名の処分で盛り上がったが、船長にこのことが知れた。船長は必死でみなをなだめて、何とか二人の処分は未遂に終わった。

しかし、兵たちの怒りはなかなか収まらず、赤と呼ばれた二人は船長の目の届く場所に移された。

一九四八年六月一二日、船は舞鶴港に着いていよいよ日本に上陸となった。

苦しかった戦争と収容所生活のことを思い出し、まさか生きて日本に帰国できるとは思ってもいなかった者も多い。感激のあまり涙を流している者も大勢見受けられる。否、それは感激ではなくもっと複雑な思いであったに違いない。

しかし、佐野はなぜか冷静だった。

こんなに嬉しいことはないのに、佐野はいろいろなことを考えた。

彼は日本に養子となってきて以来、ひたすら「日本人」になることに努め、自分自身では完全な日本人になったつもりであった。が、心の中ではアメリカにいる両親や兄弟たちのことを考えていた。日本人であることと、アメリカ生まれ育ちという二つの思いが彼の心の中を交錯した。

舞鶴港で復員の諸手続きをして、山梨の実家に帰るべき列車に乗った。

日本を離れてから三年間のいろいろなことが、またもや思い出された。今、自分が無事こうして戦争の終わった日本に帰ってこられたことが、まだ信じられない。

しかし、列車に乗っている学生たちは、みな綺麗な制服を着ている。紺色と白のあざやかなセーラー服が眩しかった。

三年前、日本を離れて船に乗った時は、同じようなセーラー服を着た海軍の兵隊がいたことを思うと、あまりにも対照的な光景だった。

「もう今は平和になったんだ」と佐野は実感したのであった。


列車を乗り継ぎ、山梨の実家に帰った。

「ただいま」と叫ぶと、養母は佐野を見て驚いた。みるみるうちに彼女は泣きだした。「お帰りなさい、無事だったのだねえ……」。あとは声にならない。

養母は近所の人々を呼ぶと、数人の女性たちも涙を流して喜んでくれた。「ご苦労さまでした、ほんとうにお疲れでしたね」と、みなは優しい言葉をかけてくれた。突然の佐野の帰郷に、みなが喜んでくれるのを見て、佐野は心底嬉しかった。

その夜は、親戚一同が集まり、佐野の復員を祝ってくれた。

アメリカにいる家族は、一体どうしているのだろうと思いながらも、その夜、佐野にとっての戦争はようやく終わったのだと実感した。

実家の周辺には、可憐なササユリが咲いている。それは九年前、日本にきて初めて見たユリとまったく同じように咲いていた。

6　アメリカは故郷

西村ケイ克哉

米国日系人市民協会（ＪＡＣＬ）は、一九二九年に創立されたアメリカでは最古の、かつ最も権威ある日系人団体である。

この協会は、戦前から現在に至るまで「パシフィックシティズン」という機関誌（英文）を隔週で発行している。

私が初めてアメリカ本土に取材旅行した時、この機関誌の一面に私に関する記事が大きく掲載された。お陰でいろいろな方々から連絡をいただいた。

日本軍兵士になった二世たちからも連絡はあったが、そのほとんどはアメリカからであり、当然ながら日本国内の反響は少なかった。

しかし、「パシフィックシティズン」が発行されてしばらくすると、東京在住の西村ケイ克哉から、丁重な手紙が届いた。そこには私の記事を読んだということと、自分は日本軍兵士になったアメリカ人であることが書かれてあり、その他いろいろな資料も同封されていた。

このような連絡は、私にとっては大変ありがたい。

さっそく連絡をとって、面会することを約束した。

東京世田谷の住宅街にある西村邸を訪問したのは、梅雨も終わろうかという時であった。住宅街にある私鉄の駅を降り、傘をさしながら歩く。西村氏が指示した道を数分歩くと、霧雨に変わり、私は傘を閉じて歩いた。

自宅が分かりづらいと思ったのか、西村は道路に立って待っていた。

「やあ、ようこそ遠いところをいらっしゃいました」と笑顔で迎えてくれた。とても優しい表情で、私は安心した。

「遠いところ」といわれたので思わず私は、「いえいえ、アメリカに比べたらほんとうに近いですよ」というと、再び西村は声を出して笑う。気さくな性格な方のようである。

西村ケイ克哉

日本に残される

西村ケイ克哉は一九二三年（大正一二年）、アメリカ、シアトルで父、鷹二と母、千里との間に生まれた。父は、農園などで働いていたが、西村が三歳の時、サンフランシスコ郊外にあるパロアルト市に移住した。パロアルトは名門、スタンフォード大学のあることで知られている。

兄、忠彦と西村は、国籍法が改正された一九二四年以前の生まれであることもあり、日本とアメリカ両国の国籍を持つ二重国籍者だった。しかし、三人の弟と一人の妹は日本国籍を持たなかった。

一九三二年（昭和七年）、西村が一〇歳になる直前にアメリカでの生活に見切りをつけ、一家は広島へ渡った。一九二四年に施行された「排日移民法」により、日本人には何かと風当たりが強くなったから帰国したのではないか、と西村はいう。

しかし、なぜか父母と弟たちは一年も経たないうちに、アメリカへ戻った。兄は一九四〇年、広島の中学卒業と同時に帰米したため、広島には妹と自分の二人だけが祖父母に預けられた。

来日した当初、西村は日本語をあまり理解することはできなかった。しかし祖父は、かつて安佐郡八木村の村長をしており、西村に厳しく日本語教育を施したおかげで、西村の日本語力は急速に上達した。

小学校四年生に編入された西村だが、クラスメイトからは時々、広島弁で「ワリァは毛唐だな」といわれ、嫌な思いもした。

しかし、日本語もマスターすることができ、無事小学校も卒業し、崇徳中学（旧制）に入学した。当時、崇徳中学には多くのアメリカ帰りの二世が学んでいた。

中学では英語の授業が楽しみだったが、英語は不要ということで他の授業を受けた。五年間、勉学に一生懸命励んだため、学業成績はトップクラスとなった。

一九四一年（昭和一六年）三月、崇徳中学を卒業後は家族の住んでいる故郷アメリカへ帰る予定だったが、両親や祖父からの強い勧めもあり、日本の上級学校に進学することになった。ちょうど日米関係が悪化し、にわかに戦争の気配が漂いかかり始めた頃である。

一二月にはついに日米開戦となったが、その頃を思い出し、西村は語る。

「真珠湾攻撃により日米開戦となったわけですが、驚きましたね。アメリカとなぜ戦争するのか、という大変複雑な心境でした。その当時、自分はアメリカが故郷だと思っていたし、必ず帰るつもりだったし、何となく日本は外国という感じでしたからね。両親はじめ、家族はほとんどアメリカにいましたから、心細かったですね。この先どうなることやら、と心配でなりませんでした」

そんな心配でならなかった西村だが、努力のかいもあって、一九四二年四月、山口高等商業専門学校（現、山口大学経済学部）に入学することができた。

小学校時代、アメリカ帰りということで少しいじめられた経験があったため、山口高商では、自分の過去を一切隠していた。が、文化部英語班に所属し、英会話に磨きをかけて、英語の弁論大会で優勝したことなどにより、周囲にはアメリカ生まれであることがばれていたようだ。

日本海軍航空隊へ

一九四二年六月のミッドウェイにおける日本海軍の大敗北から、次第に日本軍に戦況は不利となっていった。

同年秋にはガダルカナル島での戦いに負け、以降一九四三年に入るとアッツ島、キスカ島での戦いは敗北と続き、南方での海戦にも次々と敗北を喫し、日本にとっては苦しい状況となりつつあった。

一九四三年一〇月、臨時学徒徴兵令が発せられ、文科系高等専門学校（現在の大学に相当）、文科系大学生などへの徴兵猶予がなくなり、西村も日本軍に従軍しなければならなくなってしまった。いわゆる学徒出陣である。伯父が海軍の軍人だった関係もあり、西村は海軍を志望した。

一一月一〇日には、大竹海兵団に入り、初年兵教育を受けることになる。

その頃、アメリカの家族はどうしていたのであろうか。西海岸にいた家族全員は他の日本人、日系人同様、強制収容されていた。

西村家はワイオミング州にあるハートマウンテン収容所で生活していた。冬場はとても寒く、厳しい毎日の生活を余儀なくされた。しかし、西村は当時を回想していう。

「戦争が始まってからは、とにかく不安だらけでしたが、アメリカにいる家族はどうなっているか一切情報はないので、もう心配してもはじまらないんですよ。祖父母にはいろいろ面倒を見てもらっていたので、こちらも心配だったし、遠い家族のことを思う余裕がなかった、というのが本音かもしれませんね」

海兵団に入隊後一か月もすると、士官になる早道である海軍予備学生（生徒）の試験が実

熊野（現姓・西村）克哉。海軍少尉候補生。昭和19年12月、22歳。左は海軍少尉時の熊野。試験飛行同乗直前、昭和20年６月、23歳。いずれも釜山海軍航空隊

施され、西村はこれに合格した。

西村は飛行科を希望したため、一九四四年（昭和一九年）一月に三重航空隊に配属される。

飛行機の搭乗員を希望した西村だが、聴力が不十分のため搭乗員としては採用されず、飛行要務士となった。要務とは主に現在でいう人事、総務のような仕事を行なうことであるが、何かと忙しい日々を送ることになる。

そんなある日、西村は分隊長（大尉）に呼ばれて、自分がアメリカ生まれであることを追及された。

その時、分隊長のいい方が非常に冷たく、かつ厳しかったので、西村は即答するのを躊躇した。

そんな姿を見て分隊長は怒り、鉄拳制裁を加えた。

西村はよろめいたが、悔しくてならなかった。その時は、

「アメリカ生まれだから、殴ったんだな」

と思ってしまった。

しかし、現在そのことを思い出しながら、

「あの当時は、アメリカ生まれということで殴られたと勝手に思っていましたが、まあ、私の返答の仕方が悪かったのかもしれませんね」

と笑って語った。

その後、鹿児島海軍航空隊で要務課程を修了後、大村海軍航空隊、済州島分遣隊に赴任した。

ここでは、大学出の予備学生の将校たちや、予科練出身の若い下士官たちが日夜訓練に励んでいた。

この頃になると、飛行隊はほとんど特別攻撃隊（特攻隊）として成り立っており、飛行兵たちは自分の死を順番待ちしているようなものだった。

戦友たちの死、そして終戦

一九四五年（昭和二〇年）二月、壮烈な戦いの末、硫黄島の日本軍守備隊は玉砕し、四月には米軍は沖縄に上陸し、本土の主要都市は空襲によって破壊され、もはや日本は崩壊寸前

の様相を呈していた。

西村の戦友たちも特攻で次々と戦死して、空襲でも多くの同僚は戦死していった。そんな現実を目の当たりにして、西村は自分の故郷アメリカに対して次第に敵愾心《てきがいしん》を持つようになっていく。

「毎日、毎日、同僚たちが亡くなっていくでしょう。とりわけ、若い特攻隊員たちが、それも私より若い少年のような若者が国のためだからといって死んでいくのを見ると、とても辛かったですね。そんなことで、私は次第にアメリカが憎くなっていきましたよ」

アメリカ国籍を持った西村だが、戦友たちが亡くなっていく現実を見るに及んで、徐々に母国アメリカが憎くなっていったようだ。

しかし、そんな思いもつかの間だった。

八月一五日の正午に、九州の釜山海軍航空隊、雲仙基地で天皇の玉音放送を聞いた。初めは何を意味しているのかさっぱり分からなかったが、上官から戦争に負けたことを告げられると、みなは静まり返った。

「戦争に負けたから、笑うことはできないけど、私は正直いって嬉しかったですよ。これでアメリカに帰れるって思ったら悲しくなかったです。家族にも会えるしね。

だんだんアメリカが憎くなっていったのですが、終戦とともにそんな思いもどこかへいってしまいましたね」

西村はさっぱりした表情でいった。

弟との再会、そして日本へ永住

終戦後は英語力を買われて、GHQとの折衝の通訳となる。

まず初めに、米軍の日本進駐のための艦船を豊後水道で出迎えた。アメリカの巡洋艦に乗船した時は感慨無量だった。

「アメリカの大きな艦船に乗ったら、こちらはいちおう将校だから、それなりの待遇をしてくれてよかったです。しかし、一番よかったのは、食事ですよ。ステーキやデザートには、久しぶりにアメリカを思い出しました。何ともいえないアメリカの味ですよ。すごく郷愁を感じましたね」

と思わぬ場所で、故郷アメリカを思い出した。

その後しばらくして、アメリカ駐留軍情報部所属の軍曹として来日した弟の民哉と久しぶりの再会を果たすことができた。

「本当に、しばらくぶりでしょ。十数年ぶりかな。お互いすっかり大人になっているわけですよ。ただ、日本語がよく通じないのは参ったですな。お互い兄弟なのに、最初は日本語が通じなくて参りました。もっとも英語で会話できたので、あまり不自由は感じなかったけど」

数年後、朝鮮戦争が勃発すると、民哉の弟、千秋も来日し、久々の対面を果たした。自分は日本軍として戦い、弟たちはアメリカ軍として戦ったので、互いにやや複雑な感情はあったかもしれないが、そこは血を分けた兄弟であるために、わだかまりはすぐに消えたようである。

その後、西村はアメリカの大手銀行勤務を経て、自ら貿易会社を設立し、戦後を日本で過ごす。

帰米することも考えられたが、

「何度も帰米しようと考えたのですが、アメリカ国籍を奪われたこともあり、日本人と結婚してしまったことなどから、アメリカへ帰るチャンスを逃してしまいましたね」

と語る。

しかし、西村と話していると、言葉の端々からアメリカへの思いが伝わってくる。

「私はたった一〇歳までしかアメリカにいなかったんですが、アメリカにいくたびに、故郷に帰ったような気分になりますね。

自分は今、気持ち、考え方は九〇パーセント、日本人だと思っていますが、残りの一〇パーセントがけっこう複雑なんですよね。アメリカ国籍を今も持っていますが、自分は一〇〇パーセント日本人ではないと思っていますよ」

と、複雑な心の内を話してくれたが、その顔は笑みを絶やしていない。

西村の心の中は、二つの祖国が永遠に存在しているように私には感じられた。

7　大和魂

安田ヘンリー章一郎

「大和魂」とはよく耳にする言葉であるが、本来の意味は何であろうか。

とりわけ戦後生まれの日本人には、その意味は分かっているようで、よく分からないことであろう。広辞苑によると、大和魂とは「日本民族固有の精神。勇猛で潔《いさぎよ》いのが特性とされる」とある。

海外へ移民した日本人は古い「日本」を、そのまま保持しようとするといわれている。現地に溶け込む努力をする一方、日本という国の文化、習慣、思考などをかたくなに守ろうとする。彼らの子弟にも日本的な教育を施すものだといわれているし、実際、二世は精神的に古い「日本」をそのままもっている者も多いのかもしれない。

また、人間は住み慣れた場所を離れて、初めて故郷というものを意識するのではないだろうか。海外に移民した日本人やその子弟から、大和魂という言葉を聞くことが多い。

安田ヘンリー章一郎と会って、あらためて日本人とは何なのか、大和魂とは何なのかを考えさせられた。

ロサンゼルスの郊外に、モントレーパークという小奇麗な町がある。

私はアメリカ取材の時は、いつもレンタカーを借りて自分で運転している。日本製のレンタカーで、小高い丘の道をカーブしながらの運転だ。大きな邸宅が続き、この辺は、高級住宅かもしれないな、と思いながらも安田の自宅を探す。

安田の大きな邸宅は、その高台にあった。

到着し玄関を見ると、いかにも日系人の家という雰囲気の庭園がある。松の木の下には小さな池があり、錦鯉が泳いでいる。カリフォルニアの日差しがきらきらと水面に反射して眩しい。

安田ヘンリー章一郎と夫人

ベルを押すと、すぐ安田は笑顔で現われた。

今まで面会した数多くの、どの二世たちよりも若く見える。日本で教育を受けているので日本語は問題ないと思われたが、面会する前のやりとりで、彼は英語で電子メールを書いてきたので、日本語は大丈夫かと私は少し心配した。

「やあ、ようこそ。道は分かりましたか?」。完璧な日本語である。よく考えれば、日本語が問題ないことは当然のことであるが、私はほっとした。

居間に通されると、その広さに少々驚かされた。日本流にいうなら、五〇畳ほどはあるだろうか。と

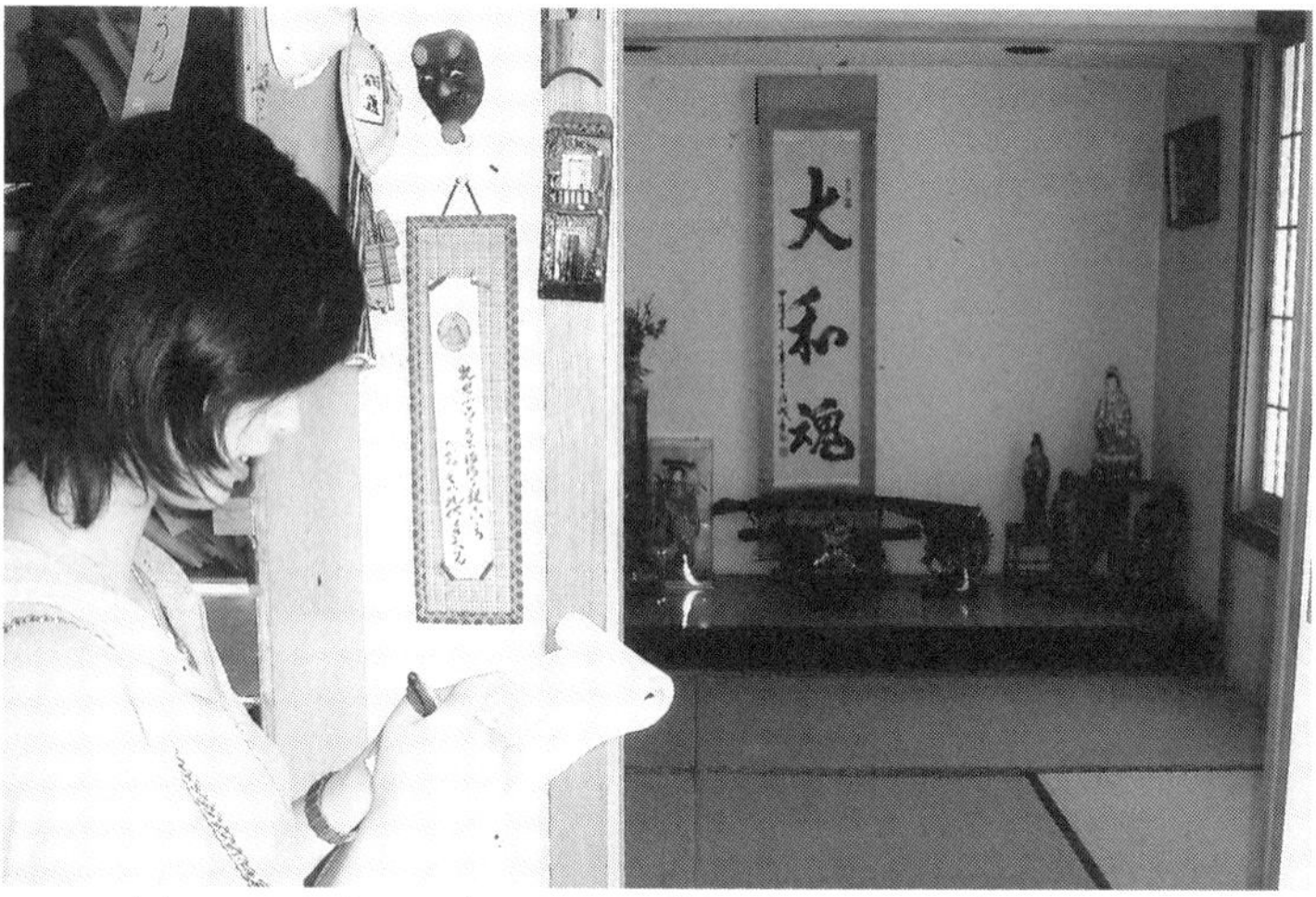

自宅にインタビューに来た日本の大学生が安田の言葉を書きとっている

安田ヘンリー章一郎。自宅にて日本からの大学生のインタビュー時

にかく広い。ソファに座る前、安田は私に「これをご覧ください」といって、隣の和室にある掛け軸を指差した。

そこには大きく「大和魂」と書いてある。

私は驚かされた。

畳の上で、その大和魂は燦然《さんぜん》と輝いているように見える。そして「これが私の座右の銘です」と、安田ははっきりとした口調でいう。彼の表情は生き生きとしている。私は俄然、安田に興味がわいた。今から始まるインタビューでは、面白い話が聞けそうだという期待感が高まったのだった。

一人で日本へ

安田ヘンリー章一郎は、一九二八年七月二九日、カリフォルニア州パサデナ市に父、誠一、母、ツルの長男として生まれた。

私が個別に面会した数多い日系二世の方々の中では最も若い。

パサデナはバラの栽培で有名な土地であり、正月には大学フットボールの有名な試合が行なわれることでも知られている。

両親は山口県熊毛郡上関町の出身。上関は瀬戸内海にある小島である。ここの住民の多くは明治から大正にかけてアメリカに渡った。

安田の祖父、磯吉も一八九八年に渡米し、サトウキビ農園で働いて金を貯めた後結婚し、一九〇五年、母、サトのみが出産のため日本へ帰り長男、誠一を産んだが、出産後直ちに帰米した。このように祖父の世代から渡米しているので、誠一の子供である安田は、いちおう日系二世ではあるが三世ともいえるのかもしれない。

一九三四年(昭和九年)、祖父、磯吉はひと稼ぎしたため、アリゾナでの農業を辞め日本に帰国した。

一九三八年(昭和一三年)七月、安田が一〇歳になった直後、父、誠一は彼に「日本にいって、じいちゃんに会ってこい」といった。また「日本にいけば、じいちゃんが自転車を買ってくれるぞ」ともいわれて、子供の安田は、日本に対する興味と自転車に心奪われ、日本にいくことを簡単に同意した。

少年としてはきわめて当然の反応だったのかもしれない。彼は初めて訪れる日本に大いに関心を持った。

八月初旬、日本に着き、そして山口県上関の祖父の実家にいく。

安田にとっては見るもの聞くものすべてが新鮮であり、上関の親戚や近所の人たちも大変可愛がってくれて、楽しい時はあっという間に過ぎていった。

数週間の滞在の後、安田はアメリカの学校がそろそろ始まるので、帰国したいことを祖父に告げると、祖父は意外な言葉で返してきた。

「章一郎、お前はしばらく上関にいなさい。ここの小学校に通ったらいい」

安田は驚いた。そして自転車は買ってくれないのかと迫ったが、祖父はそれを否定した。それから、安田は落ちこんでしまい、なぜアメリカに帰られないのか疑問で、祖父に問い質《ただ》してみても、納得いく返事は返ってこなかった。多分、父の本心は息子を日本で教育させたかったのだろう。しかし、それをいっても聞き入れないだろうと思い、真意を伝えず上関に送ったと思われる。すでに祖父と話はついていたのだ。

しかし当時、祖父や父の意見は絶対である。安田はふさぎ込んだが、仕方なく上関の小学校四年に編入した。

日本語も不十分であったことや、当時の男子生徒はみな坊主頭であったにもかかわらず安田は長髪であったこと、そして服装もずいぶん異なっていたため、当初はいじめにあった。教室の掃除をしていると、よく後ろから殴られたり、雑巾掛けをしようとすると、その前で小便をかけられたりした。一番嫌だったのは、「アメリカのブタ！」といわれたことだった。安田はこのようないじめから逃れるには、とにかく勉強して彼らより上位の成績になり見返してやることだと思い、毎日一生懸命に勉強した。

編入当初、安田にとっては嫌な思いをした日々であったが、次第に日本語も覚え、服装格好も他の生徒と同じようにした。そして学業成績も抜群となるにいたって、次第にいじめもなくなっていった。気がつけば、学業成績は学年で一番となっていた。

「何が何でも成績一番になって、いじめた奴らを見返してやろうと思いました」

安田の努力は報われて、教師たちからも可愛がられるようになった。

優秀な学業成績を収めた安田は一九四二年四月、山口県立徳山中学（旧制）に入学した。その頃を思い出し、安田はいう。

「徳中（徳山中学）に入った頃は、もうアメリカのことはあまり頭になかったですね」と、日本人になりきったような様子がうかがえられる。しかし、「ただ両親がいなかったことが寂しかったですが……」と、多感な少年時代を思い出していた。

徳山中学では、「アメリカ帰り」というようなことでのいじめはまったくなく、普通の日本人として見られていた。

しかし、唯一英語の授業の時だけは、彼の発音は他の生徒とまったく違ったアメリカ仕込みのものであったため、みなから羨望の目で見られた。教師もそんな安田に、よく英語のテキストを読ませた。

その頃、アメリカにいた両親は試練に立たされていた。

父はアリゾナで雑貨商を営んでいて、同時に日本語教師や仏教会の幹部も務めていた。一九四一年一二月の日米開戦により、直ちに父は危険人物とみなされてＦＢＩに逮捕され、テキサスにあるクリスタルシティ収容所に隔離される。

この収容所は司法省管轄下にあり、他の収容所とは異なり、とりわけ危険とみなされていた日本人、日系人を監禁していた。母は義理の姉が住むネブラスカに一時いっていたが、一九四三年九月、クリスタルシティ収容所にいき夫と一緒になった。

海軍兵学校入学、そして敗戦

日米戦争が勃発した。

当時、少年たちの将来の夢といえば立派な軍人になることだった。その軍人への道でも一番の最高峰は、海軍兵学校（海兵）か陸軍士官学校（陸士）に入ることだ。

それは将校になることが約束されており、帝国軍人としてはもっとも誇らしいことである。当時のエリート中のエリートになることが保証されていた。ましてや日本は全面戦争に突入しており、少年たちはこぞって立派な軍人になることを夢見ていた。

「そりゃあ、将校になれる海兵にはあこがれましたね。制服も格好いいし、女学生にはもてること間違いないし（笑）、私に限らず中学の生徒たちは海兵を目指していた者が多かったですよ」

海兵に入学できるのは限られた秀才だけだったが、安田は日々勉学に励み、優秀な成績を収め、中学四年の段階で海兵に入学することができた。

なかなか中学四年で海兵に合格できるものではない。この頃の海兵は定員も著《いちじる》しく増えてはいたが、中学四年で合格できるのは、全国有名中学の成績トップクラスの生徒に限られていた。

しかし、安田が海兵に入学した一九四五年（昭和二〇年）四月頃、日本軍は南方のいたる戦線で敗戦、玉砕を重ねて、もうあとがない文字通り「国難」の時である。沖縄にはアメリカ軍が上陸し、いよいよ本土決戦は近いと噂されていた頃であった。

四月三日、海兵第七八期生として入校した安田は三一一分隊に所属し、日々勉学、訓練に明け暮れた。日本の敗戦色が濃くなっても海兵の生徒たちにはその切実感は乏しく、一刻も早く卒業し、戦地に任官することだけが目標だった。とりわけ安田は、秀才の集まっている海兵でも一生懸命努力し、学業成績も上位だった。

「とにかく、一生懸命頑張ることが大切なんです。私は必死になって勉強しました」と、安田の言葉から、何事にも頑張る気概が感じられる。

四月七日、日本海軍最後の捨て身の作戦といわれた、世界に誇る戦艦「大和」を旗艦とした大艦船団による沖縄への特別攻撃作戦も失敗に終わった。

その後は毎日のように多くの飛行機による特別攻撃（特攻）だけが続き、安田と大して年齢の違わない若者たちは次々と駆り出されていった。

飛行技量の未熟な若者たちは重い爆弾を積んで、圧倒的な戦力を誇るアメリカ軍艦船に立ち向かっていく。しかし、敵艦に体当たりする前に多くの飛行機は撃墜され、数千人の前途有望な若者は南海に散華していった。

八月六日の広島への原爆投下、九日の長崎への投下、ソ連の参戦と続き、ついに八月一五日、大本営は無条件降伏を連合軍側に伝え、日本の敗戦となった。

安田たち海兵の生徒たちは敗戦の事実を理解することができず、敢然と戦いを続行するべきだという者や、全員切腹しようという者などがいて、混乱を来《きた》した。しかし校長は、「君らはまだ若く日本を背負って立つ若者だ、故郷に帰って再建に努めよ。これが皇国に報いることだ」と諭《さと》された。

たった四か月あまりの海兵生活だったが、安田はその時の教育が印象に残っている。

「海兵時代はずいぶん殴られましたが、短い間だったけど、よい教育も受けました」

目標をなくしてしまった安田だが、山口に帰り中学に復学することにした。県立山口中学に通っていた友人から誘われ、徳山中学ではなく山口中学の五年生に編入する。

一年後、中学校を卒業した安田は、荒れた日本にとどまって再建に協力することも考えたが、あの豊かなアメリカに帰りたくなった。

ただ、帝国軍人になることだけを目標にしていた安田には、戦後の混乱状態の日本に嫌気がさしたのかもしれない。両親は一九四六年一月、日本へ帰国して、上関での生活を始めていて、安田も農作業を手伝っていた。

母はアメリカへ戻りたがっていた息子を見て、「白人の家庭でボーイでもしながら、学校にでも通ったらどうか」と理解を示した。

一方、安田は何度も帰米することを父にせがんだが、許可してくれなかった。しかし、安田の気持ちを少しは理解したのか、「アメリカへいったら厳しい生活が待っているぞ。でもどうしてもお前が帰米したいというなら、三か月毎日、一日も欠けることなく毎朝、肥を畑へ運べ」といった。父は安田の意思を確認したかったのだ。

畑へ肥料ではあるが毎朝、肥を運ぶことは大変な仕事であったが、どうしても帰米したかった安田は、これをやり遂げた。

その頑張りを見た父は納得し、ついに安田のアメリカ行きを許したのだ。ここでも安田の強い意志と、何事も敢然とやり遂げ、努力する気持ちが父の考えを変えさせたのだ。

帰米

一九四八年春、安田は帰米する。知人の多くいるアリゾナへいき、雑貨商を営んでいる日本人のところで仕事を手伝った。

しばらくここで生活し、ある程度の資金を貯めると、彼はアメリカの大学に入ることを考えた。今後アメリカで暮らしていくためには、やはり学歴が必要であると思ったからだ。ましてや、日系人はまだ社会的にいろいろな面で差別されており、特に仕事面では不利で、学歴がなければ、まともな仕事には就《つ》けないというのが実情であった。

一九五一年九月、安田は猛勉強の末、アメリカ西海岸を代表する大学の一つ、カリフォルニア大学バークレー校（本校）に編入学することができた。

ここでも彼の一途な努力が実を結んだのである。将来日本との仕事の関係もあることも考えて、専攻は貿易を選ぶ。彼は一生懸命勉強し、成績も上位を占めた。また、大学では日系二世の女性、ヘレンと知り合い親しく交流した。

一九五三年六月、大学を卒業するとアメリカ軍から徴兵され、日米語のバイリンガルを認められ陸軍情報部（MIS）に配属される。

基礎訓練後、韓国の京城にある五〇三部隊へ配属され、脱走兵の尋問などを行なった。

そして、一九五四年五月、ヘレンと結婚を果たし、新たな人生を始めることになった。

まず単身で韓国ソウルへ派遣された後、一一月、東京にある第五〇〇部隊に赴任し、青山の公舎で新婚生活を送る。

一九五五年八月、軍を一旦《いったん》除隊し、五人の兄弟姉妹全員を帰米させることに尽力し、これを実行することに成功した。

翌年、アメリカ軍調達局から調達官になることを依頼され、兄弟姉妹たちが帰米したばかりで若干の戸惑いもあったが、これを受け入れ、空軍の極東調達官に任官する。ここでは主に日本の民間会社に飛行機やヘリコプターを売却する際、日米間の折衝役となり契約業務を行なった。安田は語る。

「私の立場は米軍の調達官ですが、教育は日本で受け、ましてや海兵まで出て日本軍にいた者ですから、いろいろと日本側に配慮しました。当時はとにかくすべてにおいてアメリカの方が上でしたから大変でしたが、日本にも発展してほしかったので頑張りましたよ。なかなかアメリカ側の思いと日本側のそれとは食い違って苦労しましたが、両者の仲介役として、日々あちこちを奔走しました。おかげで、日本の大企業の幹部とも親しくなり、大変よくされました」

同時にフィリピン、香港、台湾などとの交渉役も行ない、その活躍が認められて、安田は順調に昇進した。

その間に四人の子供に恵まれ、それぞれ東京のアメリカンスクールに通った。兄弟姉妹全員は帰米したため、身寄りのなくなった両親も一九六一年、アメリカに渡った。

努力の結果、中佐にまで昇進した安田だったが、そろそろ帰米し別の仕事でもやろうと、一九六四年、アメリカ軍を退職した。中佐といえば高級将校であり、簡単には誰でもなれるものではないため、自分としても納得のいく軍人生活であった。

アメリカ軍を退職し、カリフォルニアに戻り、兄弟で商売をと思い立ち、いろいろ思考した挙句スーパーマーケットを開業することに決め、ヤスダブラザーズという法人を設立する。

ここでも安田は、早朝から深夜まで働きに働き、必死で頑張ったため商売は繁盛し、大きな規模のスーパーマーケット三軒を兄弟で経営するまでになった。

その後六〇歳を過ぎて、経営したスーパーを売却し、一切の仕事から身を引き、安田は山口県人会会長、東本願寺の理事、日系博物館の役員などなどを勤め、現在に至っている。

まさに何事にも一生懸命努力をした人生だった。

一九九五年からアメリカでは「両親の日」という日が制定されている。

とかく分裂しがちな家族をもう一度見直し、家族のよさを再認識してもらおうというアメリカ政府の目論見《もくろみ》である。この日には、全米から認められた夫婦が選ばれる。これは夫婦だけではなく、家族全員が社会的に成功者として認知されなければいけない。

第一回目は全米から九組の夫妻が選ばれたが、安田夫妻もそのうちの一組として選考され

って良いだろう。その意味でも日米を行き来し、戦争という試練を乗り越え、安田の人生は成功したとい
た。

大和魂

安田は、私の目をみつめながら語る。

「よく、子供たちから聞かれるんですよ。『パパは日本軍隊にもアメリカ軍隊にも所属していたけど、どちらの国に忠誠を誓うのか？』ってね。なかなか厳しい質問ですがね」

と苦笑いをした。

「『君が代』を聞くと、私は背をピンと伸ばします。また『星条旗よ永遠なれ（アメリカの国歌）』を聞けば、胸がジーンとなります。私はいつもこう答えるんですよ。『どちらの国にも忠誠は尽くしている。でも、大事なことは、与えられた環境下で何事にも全力を尽くすことだ』。答えになっているのかどうか分かりませんが、これが私の信念ですね」

そして安田は、半分目を閉じながらいう。

「二つの国の間で、幼少の時、戦後帰米する時、軍隊を辞める時、何度も、もしアメリカにずーっといたら、とか日本にずーっといたらとか悩んだが、今では二つの国のいいところを学ぶことができ感謝しています。他の帰米二世の方たちの間では、どちらの国をも恨んでいるような人も見受けられますが、私は違います」

そして続けて語る。

「一〇年も青春時代を過ごしたので、私の故郷は山口の上関だと思っています。故郷は自分を育成してくれた場所ですから。だから、あなたは日本人かアメリカ人か？　と聞かれたら、私は日本人と答えるでしょうね。日本人は勤勉、努力、正直というよいものを持っている民族でしょ。素晴らしいですよ。だから私は、敢えて今の日本人に『日本人である』という自覚をもっと持つ必要があるといいたいんです。こちら（アメリカ）にいるといろんな人種がいて、その中で暮らしていると日本人という自覚が強くなりますね」

安田は私に、このような質問をする。

「修身って言葉をご存知だと思いますが、その意味は分かりますか？」

私は戸惑った。いちおうの答えはもっているつもりだが、安田の迫力の前には何も答えることはできなかった。しばらくの沈黙の後、安田はいう。

「もう修身なんて言葉は、若い人は知らないだろうけど、それは『人間が人間として生きる道を教えることですよ』。今の日本に欠けていることはこれですね」

と明確な口調で語った。

最後に安田は、きっぱりといい切る。

「大和魂とは、それは最善を尽くすことだと私は思っています。与えられた環境下で一生懸命努力することです」

敵対した二つの祖国の間で行き来し、日本軍にもアメリカ軍にも所属し、その心境は複雑だろうと私は予測した。

しかし、安田には何事にも一生懸命頑張るという精神が、彼の心の中で二つの祖国を一つにしていると思われた。

大和魂。遠いアメリカで、その精神は脈々と生きていることを私は発見したのだ。

8　日系カミカゼパイロット

岩崎マイク幸次郎

アメリカには日系人に関する協会がいくつもあるが、その中にサンフランシスコに本部を置く全米日系アメリカ人歴史協会という団体がある。この協会は頭文字をとって「ニンジャ」と呼ばれている。元々は退役軍人たちのための協会であったようだが、現在は広く日系人相互の情報交換の場となっている。

この協会は機関誌を定期的に発行しているが、退役軍人が会員として多いため、その記事も太平洋戦争関連が多い。この機関誌に、岩崎マイク幸次郎の戦争体験が掲載されたことを他の日系二世の方から聞き、さっそく岩崎にコンタクトを取って面会の約束をした。

三月下旬のカリフォルニアは陽光が眩しく、快適な季節である。レンタカーを借りてロサ

岩崎マイク幸次郎

ンゼルスから北上し、途中一泊して岩崎の自宅に向かった。私は昔からサンフランシスコには何度も訪問しており、それなりの土地勘はあった。が、サンフランシスコ南部にある岩崎の自宅まで道に迷い、約束の時間を過ぎてしまい、私は焦りに焦った。とにかく初めてお会いする方には、絶対約束の時間を守らなければならないと私は思っているのだが。

美しい湖の近くに、岩崎の自宅はあった。玄関でブザーを鳴らすと、すぐに岩崎本人が出たので、私は遅刻を丁重に詫びた。

「いや、いや、大丈夫ですよ。遠いところをご苦労さまです」と気さくに答えてくれた。岩崎は元エリート銀行マンらしい風貌で、品のよい雰囲気を持った人だ。

岩崎は、先月、日本から妹夫婦がきてアメリカ中西部を旅行し、車で何と六〇〇〇キロも一人で運転したのだといった。確かに、八〇歳とは思えぬ元気な様子である。

リビングルームに通され、一通りの挨拶をする前に、岩崎はいきなり、「門池さん、私は日本人ですよ」といった。

私は少し面食らったが、その言葉に大いに興味が沸いた。現在、岩崎の国籍はアメリカであり、日本ではない。生まれもアメリカだし、当たり前だが現在彼はれっきとした「アメリカ人」だ。これは興味ある聞き取りになるに違いないと思った。

岩崎マイク幸次郎は一九二二年六月、サンフランシスコ郊外で三人兄弟の二男して生まれた。

岩崎の祖父、熊本出身の亀吉は一九〇〇年（明治三三年）、カナダを経て単身アメリカに移住した。一九〇四年、岩崎の父、政吉は一六歳の時アメリカに呼び寄せられたが、一九一九年、日本に帰り、妻律子と結婚してまたアメリカに戻る。農業で生計を立てていたが、母も白人家庭でメイドとして働いた。

一九二七年、一家はロサンゼルス近郊のサンタマリアに移住し、岩崎は現地の日本人学校にも通うことになった。岩崎の両親は家庭内では日本語しか使うことを認めなかったおかげで、日本人学校では日本語の成績も非常によかった。

その後、父の農場近くのガタルッピへ転住し、岩崎は地元の小学校に入学した。この辺りは、あまり日系人は多くなく、小学校には白人がほとんどだったため、白人の子どもたちと仲良く遊んだ記憶があると岩崎はいう。

毎日、小学校が終わると引き続き日本人学校に通い、日本語は上達した。日本人学校は遠くにあり通うのが大変だったが、日本語の教え方が素晴らしく、後に岩崎が日本へいってから非常に役立ったという。

母の教育は厳しかったが、何事にも前向きな母は子供たちがアメリカ社会に順応できるように、非日系の子供たちとも交流を持つことを勧めた。白人の子供たちや、兄弟とで近場へ空気銃を持ってよく鳥を撃ちにいき、食卓を賑わした。

広いアメリカで移動するには、とにかく車が運転できないと、行動が狭くなってしまうため、母も日本人女性としては珍しく自動車免許を取得した。当時の日本人にとってすべて英語でしか受験できないのは大変だったと思われるが、「母は英語もよく勉強したのだろう」と岩崎は回顧する。しかし、この母の免許取得が、岩崎自身の人生を大きく変えることになってしまう。

一九三三年二月、母は自動車を運転中、自損事故を起こした。小学校の授業中だった岩崎に、校長から「母が大変だから、大至急、郡立病院へいくように」といわれ、何事か分からぬまま急いだ。病室にいくと、母は身動きせず眠っているように思われ、「お母さんが寝ている間に食事にいこう」と、その時、父がいった言葉は今も忘れないという。

今から思えば母は即死状態で、病院で見たときは既《すで》に息が耐えていたのだろうと、岩崎は回顧する。母が普通の日本人妻のように車の免許を取得していなかったら、災難には遭わずにすんだのだ。岩崎がまだ一〇歳の時、母を亡くしてしまった。

世界恐慌の直後でアメリカも不景気の最中であり、父は働くことに精一杯で、三人の子供を育てながらアメリカで暮らしていく自信はなかった。

一九三三年五月、母が交通事故死した三か月後、父は子供三人を連れて郷里熊本に帰ることにした。父はすぐアメリカに戻り仕事を続ける予定だが、子供たちは親戚に預けて教育してもらうことにしたのだ。岩崎がちょうど一一歳になる時だった。

日本郵船の秩父丸に二週間あまり乗船し、横浜に着いた。横浜から再び国内船に乗り福岡に向かったが、船内では長髪で英語を喋っている兄弟は、周囲から奇異に見られたという。そしてみながら出身地を尋ねられ、アメリカであることが分かると、納得したようだった。

熊本の祖父の実家は、熊本市内から四〇キロほど山間にいった矢部郡浜町（現山都町）にある。当初、祖父は三人もの子供を受け入れることに抵抗があったようだが、母の死去という事情もあり、引き受けることになった。父は帰米をとりやめ、とりあえず日本で仕事を見つけようとしたが、海外生活が長かったため、なかなかよい仕事が見つからず、結局、翌年、単身で帰米した。

一九三六年（昭和一一年）、優秀な成績で尋常小学校を卒業した岩崎は、名門、県立熊本商業学校に入学した。当時、上級学校に進学する子供は限られており、学費もかさみ、祖父は当初、進学を勧めなかったが、学業成績優秀だった孫の希望を叶えてやることにした。

その後、アメリカでは父の仕事も軌道に乗り、当時のドルと円との為替差の関係もあり、祖父へは多額の送金ができた。そのためか、岩崎は一九四一年（昭和一六年）三月、熊本商業を卒業と同時に、福岡高等商業学校（現、福岡大学）に入学することができた。

福岡での下宿先には、士族出身の青木竜夫一家に大変お世話になることになった。地元の名士だった青木は、アメリカからきている若者を何とかしてやろうと思ったという。それは、日米間の関係は大変悪化しており、きな臭い雰囲気が漂っていた頃だった。

一二月八日を岩崎は冷静に受け止められなかった。他の日本人はみな日本帝国海軍の真珠湾攻撃に沸き立っているが、自分の複雑な立場を思うとそれどころではない。

まず二重国籍問題である。すでにしっかり日本に根を下ろしてしまった岩崎は、日本軍から徴兵されることに対しては、仕方がないと思っていたが、何せアメリカの国籍も有しているため複雑であった。自分の中にある二つの国が戦うことになってしまったのだから尋常ではない。

それと、アメリカで頑張っている父親のことがとても心配だ。また今後、送金がどうなるかも現実的には厳しい問題だった。それにも増して、あの大国アメリカに対して日本が勝てるのだろうかと、岩崎はまったく疑問だった。それも幼い頃、豊かなアメリカで生まれ育った人間にはごく自然の思いだろう。

岩崎は、「しかし、日米間は怪しいとは思ってましたが、まさか日米戦争になるとは思っていなかったですよ。あのアメリカと！　と思いましたね。ほんとうに勝てるの？　って疑問でした」と当時を思い出した。と同時に、アメリカにいる父のことが心配になった。

日米開戦とともに、特高（特別警察）から岩崎への監視が厳しくなる。米国籍を有している岩崎には、旅行の折には必ず学校に連絡しておく旨、特高から通達があった。岩崎自身としては、今さらアメリカ人といわれても困るだけであったので、それなりに自由に行動はしていた。

いよいよ不安な時代に突入したが、その後一九四三年五月、徴兵検査を受けることになる。アメリカ人でもある岩崎にも、日本軍入隊の日が近づいてきた。

徴兵検査を受けたが、当時の大学生や高等学校（現在の大学に相当）生には徴兵の猶予がなされていた。しかし、戦局は厳しくなっており、南方各地で日本軍の苦戦が続いていた。岩崎は学生にも徴兵猶予解除は近いと見るや、もはや日本軍入隊は避けることはできないと思った。海軍大臣、嶋田繁太郎は、大学生たちを対象とする海軍予備学生募集を一九四三年五月に発令する。

予備学生とは、短期間で将校になれる制度であり、入隊するなら陸軍より海軍と思っていた岩崎にはよい話であった。早速《さっそく》これを受験し合格すると、しばらく経った九月に三重海軍航空隊に入隊が決まる。家族のいない岩崎だったが、青木家や近隣の方々に見送られて出陣した。当時を思い出し、岩崎はいう。

「まあ、日本軍入隊は覚悟してましたからいいんです。陸軍ではなく海軍に入隊できてほっとしましたよ。何となく海軍の方がスマートに思ってましたからね」

航空隊では、飛行機乗りか地上要務員になるか希望によってまず分けられるが、飛行機乗りでも、希望により操縦士と偵察士に分けられる。飛行機乗りになりたくとも、身体で不適正と見られれば、要務員とされるし、操縦士と偵察士どちらになるかは諸適性により希望通りとはいかなかった。

偵察士とは、主に飛行機の針路、方向を様々な計算により算出する重要な役目である。とりわけ広大な海を飛ぶ海軍には大切な任務だった。岩崎は迷ったが操縦士を希望し、それは叶った。

「偵察というと、算術や幾何学を使って飛行機の中で計算しなきゃいけないでしょ。私は数学系が得意でなかったから、操縦を選びました」と岩崎は語る。

操縦士となってからも、通常の航空機と水上機とに分けられた。水上機とは水上でも離着陸可能なように大きなフロートを着けた航空機である。一旦《いったん》、空中で被弾しても水上であれば、どこでも着陸することができたので安心ではあるが、何せ重いフロートがあるので敵戦闘機に捕まれば、圧倒的に不利である。しかし、福岡には海軍水上機部隊があったこともあり、岩崎は水上機を希望し、そのパイロットとなったのである。

岩崎の思い通り、福岡の博多海軍航空隊に赴任先は決まった。博多では連日猛特訓が続き、岩崎も一人前のパイロットに仕上がっていくのである。時々、青木家にも寄り歓待を受けた。

その頃、岩崎はアメリカにいる父のことをどう思っていたのだろうか。

「もう、あの頃は私も海軍将校になって、完全に日本軍として戦っていたでしょう。確かに親父が心配ではあったけど、私も自分の命すらどうなるのか分からない運命だったので、自分のことで精一杯だったとしかいいようがありませんね」と当時の心境を語った。

一九四五年一月、岩崎は第一護衛艦隊下の九〇一海軍航空隊に所属し、通称「香港派遣隊」の隊員となる。主基地は香港と上海にあり、両基地から南支那海を広く担当するものであった。

国内では石油他、軍需原材料が極端に欠乏しており、南方からそれらを国内に運ぶことが重要な課題であった。しかし、多くの南方からの輸送船は、アメリカの航空機や潜水艦によって沈没させられていたため、航空機による船団の護衛はきわめて重要な任務である。

一月の終わり頃、船団護衛の任務も終わり、岩崎は夜の香港で一杯やり、基地に戻ると、同室の江口少尉が酔った岩崎を見て、翌日の勤務を交代してくれることになった。ところが翌日、岩崎の代わりに三人乗りの水偵（零式艦上偵察機）で出撃した江口機は、米軍のB24大型爆撃機と交戦となり、撃墜させられ戦死してしまったのだ。岩崎は、

「ほんとうに、江口少尉には悪いことをしたなと思ってます。前日、江口さんは酔った私を見て、明日の任務を交代してやるとなぜいったのか、いまだもって不思議です。通常そのようなことはあまりないのですが、江口さんには助けてもらったと思います」

といった。

命拾いをしてから数週間後、香港西方をいく日本の船団を単独護衛中に、敵潜水艦を発見した。水偵には潜水艦用の爆弾を装着しているので、急降下し、潜水艦に二発爆弾を落とした。もし潜水艦に爆弾が当たれば、沈没する可能性は高い。

岩崎は確認するため、下ばかり見ていたところ、後ろの偵察員から、「隊長、前方に敵B24機！」と怒声が聞こえてきた。通常、機上では伝声管を通して会話をするが、この時は急ぎ過ぎたので使わなかった。

相手は大型爆撃機だが、機関銃を無数に装備しているし、スピードも大型爆撃機にしてはとても速い。狙われては勝負にはならない。こちらは単独飛行なのだ。後部座席には機関銃が一機あり、交戦も可能だがとても歯が立たない。

岩崎はとっさに海上すれすれに持っていき、超低空飛行で逃げた。敵から逃れるには、雲の中にまず隠れるのが常道だが、今はそんな余裕もない。海上すれすれに飛べば、敵機も比較的攻撃しづらいのだ。

「あの時は、冷や冷やでしたね。もう逃げるしかないでしょ。そしたら、なぜかB24は我々を無視して、他へ飛んでいってしまったんですよね。本当に助かりましたけど、なぜ攻撃しなかったのかよく分からないです」と岩崎は語る。命拾いを二度もした岩崎だった

二月中旬、「北号作戦」により、戦艦「伊勢」他の大船団を護衛任務にあたった。低空飛行により敵潜水艦を索敵していたところ、急に「伊勢」から一斉に銃口を向けられた。敵味方の見間違いである。敵に撃たれて死ぬのは仕方ないが、味方に撃たれたのでは死んでも死にきれない。

岩崎は逃げながら戦艦に向かって飛行機をバンク（翼を上下に振ること）させ、日本機であることを知らせ、危うく難を逃れた。

「あの時、二、三週間で三度、死ぬ思いをしたので、ああ、もう俺も死期が近づいているなと思いましたよ」と笑いながら話した。

香港に駐留していた時、米軍のマスタング戦闘機のパイロットだった捕虜と話す機会があった。もちろん、岩崎はその捕虜と接するような部署ではなかったが、やはりアメリカにいる父親のことが心配だったので、捕虜にアメリカの状況を聞きたくなったのだ。

「なぜ私が捕虜と話したいか、その真意は上官にはちょっといえなかったけど、自分は英語

が喋《しゃべ》れるから、何か情報を得られるのではないかという理由で捕虜と面会しました。ぺらぺらと英語で喋れば多分、誰も意味は分からないと思い、いろいろ喋りました。捕虜は私がカリフォルニア生まれ、育ちだというと、結構打ち解けて喋ってくれました。最後に捕虜は、自分は殺されるのかと聞くので、そんなことはないといいましたが、果たしてどうなったのかその後は知りません。今から思うと一番興味深かったことは、その捕虜は開戦直後、アメリカ西海岸にいる日系人は一人残らず収容所に入れられたという事実を隠していたことですね。なぜ捕虜がいわなかったのか、自分の身を考えていたのでしょうかね」

続けて、

「もう私は完全に日本人として、戦っていましたから、何もこだわりはないんですが、それでも久しぶりに英語を喋ると、ちょっとアメリカ時代を思い出して、やや複雑な気分にはなりましたね……」

すっかり日本軍人になっていた岩崎だったが、やや複雑な心境を語った。

三月一日付けで中尉に昇進して、しばらくぶりに、福岡に帰ることができた。福岡では青木家でずいぶん歓待されたが、この時、青木家の長女である栄子との結婚話が出される。その頃、沖縄には米軍は上陸しており、日本は国難に陥っていたし、航空兵は全員特攻隊員となるような状況であったので始めはためらったが、岩崎にとってはとても嬉しいことであり、快く引き受けた。

話は簡単に進み、五月八日、結婚式を挙げた。

その後、北朝鮮の羅津基地に赴任となった。ここでは比較的戦いも少なく、時々、羅津港から出向する日本艦船の護衛任務に就く。しかしこの頃、航空隊はどこでも特攻隊に転化しつつあり、どの航空兵も特攻要員となっていたといっても過言ではない。岩崎もいつ特攻命令がくるのか、内心では落ち着かなかった。

「戦争の終わり頃は、もう飛行機乗りはすべて特攻要員のようなものだから、私もいつ特攻で死ねといわれてもおかしくなかったですね。戦死率が大変高いパイロットを希望した段階で、生きて帰られるとは思ってもいなかったんですが、それでもいざ死ねといわれれば、自分も人間ですから、やはり考えますよ」と岩崎は語る。

しかし、岩崎は何とか生き延びることができた。

八月一五日の敗戦を、岩崎は羅津基地で聞いた。

「明日の命は知れないパイロットだったので、内心ほっとしましたよ。でも自分はアメリカ国籍もあったので、大丈夫なんだろうかとも思いました。もう結婚もしていたし、日本人として生きていたので、今後どうなるのか心配でした。日本が負けたことは当然だろうと思ってました。私は最前線で戦っていて、アメリカの圧倒的な戦力を知っていたから、とても勝てるとは思ってもいませんでしたからね」

終戦を岩崎は冷静に受け止めながらも、自身について心配した。

その後、岩崎はシベリアに三年間抑留されて帰国する。

帰国後は戦後の混乱期の日本に別れを告げ、帰米し、永らく日系の銀行マンとして日米経済の橋渡し役として活躍する。銀行では幹部となり、カリフォルニアの日系人の間で岩崎はけっこう名の知られた存在である。一九九六年には、日本政府から勲五等瑞宝章を授けられた。

面会の最後に、岩崎は私にやや強い口調で語る。

「門池さん、私は日系アメリカ人で国籍はアメリカですが、日本軍人として戦ったし、日本人だと思っています。戦後も日本の復興のために頑張ったつもりです。遠いアメリカにいるからこそ、日本がよくなって欲しいんです。でも今の日本見てると、情けないですよ。政治家は他党の悪口ばかりいって、国民のことを考えていない。ここ（アメリカ）では確かに、共和党と民主党は争ってはいるけど、時として一致団結して国をよくしようという努力を感じますね。日本も見習ってはどうでしょう。日本の国民は政治家が悪いといっているが、その悪い政治家を選んだのは国民でしょ。国民が悪いんですよ」

岩崎マイク幸次郎

続けて、

「私は遠くアメリカにいるけど、毎日NHKを見たり、日本の新聞を購読したりしていますから、日々日本で起こっていることはよく分かっています。私が思うには、道徳教育がなっていない。みな自分や自分の家族だけが可愛いばかりで、他人に対する奉仕の精神がまったくない。確かに、戦争は絶対悪だし、もうやってはいけないと思いますが、あの頃、自己欲はおいといて国のために奉仕したもんです。こんなことでは日本は沈没しますね」

と岩崎は、現在の日本を痛烈に批判した。

しかし、私は岩崎には深い日本に対する愛情を感じざるを得ない。彼が日本批判をすればするほど、それは日本に対する愛情の裏返しであると私は思った。今の日本を冷静かつ客観的に見ることのできる人とは、岩崎のような人たちではないかと思う。

「私は戦後、非日系のロータリークラブで呼ばれて、自分の戦争体験を講演したことがあります。翌日の新聞には、私の戦争時代の航空兵写真が一面に大きく掲載されました。私はアメリカ人に胸を張っていいました。私はカミカゼパイロットだった、とね。で、ロータリーの人たちも私を喜んで受け入れてくれました」

日本をこよなく愛する元カミカゼパイロットが、日本を離れ、アメリカ人として生きていたのであった。

第三章——選択できない人生

1　最後の語り

　本文では八人の二世の貴重な人生を紹介したが、他にも多くの元日本軍二世兵士たちから話を伺うことができた。その数は五〇人を超えた。二世たちの口からはいろいろな思い出話、意見は尽きることはなかった。ほとんどの二世は自分のライフヒストーリーを自分の家族にも、他人にも過去に語ったことはあまりなかったようだ。敢えていうならば、彼らはほとんど誰にも語ったことのない自分の過去を私に話してくれたのである。

　聞き取り調査実行前、中には戦争に翻弄された自分の過去など誰にも語りたくない二世も多いのではないかと私は想像していたが、それは杞憂に終わった。ごく一部の例を除いて、自分の過去を話したくないという二世に出会うことはなかった。むしろ、戦後約六〇年経って高齢になった二世たちは、自ら進んで語りたいような印象を受けた。

それではなぜ彼らは、語りたいのであろうか。人生の終焉近くになり、彼らは、波瀾にとんだ自分の人生のストーリーを知らせず終えてしまうことの、焦燥感のようなものがあったのではないだろうか。

田中幸男

ロサンゼルスの郊外、トーランス市に住んでいるハワイ出身の田中幸男氏は、高校卒業後、開戦直前来日して明治大学に学んだ。一九四三年一〇月の学徒出陣により、日本陸軍に徴兵され、中国大陸で主に電信傍受の任務を遂行した。現在自宅で静かな余生を送っている彼は、私にこう語った。

「私はねえ、もう八〇過ぎたんだけどね。ハワイで生まれて高校卒業してから日本にいったでしょ。大学入って、さあという時、日米ドンパチが始まってさあ。ほんとうにびっくりしたんだよ。で、軍隊（日本軍）に引っ張られてさあ、まあいろいろ経験してね。戦争終わってアメリカに帰ろうかと思ったら、アメリカ国籍取られちゃったでしょう。帰るに帰れないよね（笑）。初めは日本の大学（明治大学）出たらアメリカに帰ろう思ってたから、ずいぶん予定より長く日本にいたんだよね。もちろん戦争後半からは中国にいってたけど。まあいろいろあったよね。だけどね、門池さん、あなたは興味持ってるけど、こんなこと別に誰にも話してないんだよね。かみさんにもあまり喋ってないんだよね。子供なんかはまったく興味もないだろうから、こちらも話さないし、まあ昔話になっちゃうし、今とは時代が全然違うから、話したって通じないんじゃあないかな。でもよく考えたら、私のような経験って、自分でいうのは何だけど、ちょっと珍しいでしょ。でも、もう私も棺桶が隣で待ってるんだけど(笑)、ここで話さなきゃいけないって思うようになったわけ。だから、門池さんがきてちょうどよかったですよ」

このように、やはり人生終盤になって、今語らなければ自分の人生は永遠に誰にも知られずに終わってしまうという、一種の焦りのような気持ちを持っていることが窺《うかが》える。

また元日本軍二世兵士ではないが、純二世のビル・西村氏は戦中、強制収容所(ツールレイク)に居住していたが、アメリカ政府の管理方法に抵抗し、結果的にアメリカ国籍を奪われ、戦後も一〇数年は無国籍だった。多難な時を過ごしたが、最近まで彼は自分の過去を誰にも語らなかったし、語ろうともしなかった。しかし、次のように流暢な日本語で私に語ってくれた。

「私はアメリカ政府のやり方に、まったく反抗していたわけですよ。特に忠誠登録(日本人と日系人が強制収容された時、アメリカ政府から『日本軍と戦うことができるか否か、日本天皇や日本軍隊からの服従を拒否できるか否か』という質問に答える義務があった。それはアメリカに対する忠誠登録と呼ばれている）なんて、とんでもないやり方ですよ。私はアメリカ生まれのアメリカ国籍を持ったアメリカ人なのに、何で、あんなやられ方をされなきゃいけないんでしょうか。一世の日本人は諦めていた人が多かったし、二世はまだ子供が多かったので、あまり抵抗もしなかったけど、ツールレイクでは結構反発してた二世が多かったです。私も反抗しすぎたのか、結局アメリカ国籍まで取られて、無国籍状態ですよ。でも私は簡単にイエスとはいわなかったです。自分は決して間違っていないという確信があったので、抵抗しました。

でもね、戦後アメリカ国籍を回復してから、もう誰にも話したくなかったですね。誰にもね。いったってもう過去のことだし、自分自身が惨めになっちゃいますからね。でもつい数年前、マンザナ（収容所）で集まりがあった時、私も参加したんですがね、その時、コロンビア大学の若い白人学生たちが、いたんですね。彼らは何か、歴史だか何だか専攻している学生たちで、私にいろいろな質問をするんですね。それが大変熱心なんですよ。すごく真剣な目をしてるんですよね。その時、思いましたよ、ああ、こんな若い学生たちが、私の昔話をこんなに熱心に聞くなら、私も話さなきゃいけないって。そう思いましたよ。

だって、もう私は明日死ぬかもしれないですからね。それからはいろいろな人に私の過去を話しました。私はもう自分の過去の話なんか（他の人は）興味ないって、勝手に思っていたんですよね」

ビル西村氏は戦後、アメリカ政府と自分の国籍をめぐって争うことになったが、そんな過去を誰にも長い間、語らなかった。しかし、ふとしたきっかけで、彼は堰《せき》を切ったように話し始めた。

そんな彼の過去は、アメリカのテレビでも新聞でも報道された。彼も八〇歳を過ぎて、ようやく多難だった人生を一気に語ったのである。

このように自分の過去をほとんど誰にも語らなかった二世たちだが、人生の終焉近くになり、語り始めたのである。否、語らなければならないとでも思ったのであろう。

2 アイデンティティ

私は日本軍に入隊した二世たちが、自分がアメリカ生まれであるがためのジレンマ、揺れ動いたであろう心情に対して長年、強い関心を持っていた。

しかし、二世のみなさんの語りからは二つの国の間で揺れ動いたであろう心模様は、あまり聞こえてこなかった。

第一回目の調査渡米終了時に、自分の想像とは異なった証言が多くあり、意外な印象を受けた。第二回目以降は、そういった私のそれまでの想像、つまり、二つの国の間でアイデンティティの喪失状態となっていただろう二世の方を見つける調査旅行であったといっても過言ではない。

しかし、度重なる国内での調査を行ない、何度も調査渡米し、多くの元日本軍二世兵士たちにじっくりと話を聞くことができたが、誰一人として、当時アイデンティティ喪失状態であった二世はいなかった、としか私には思えなかったのである。現状を静かに受け入れた二世の声しか聞こえてこなかった。それでは、なぜ彼らは私の想像と反してしまったのであろうか。

3 選ぶことのできない人生

二世たちの戦前、戦中の時代背景を見れば、それは彼らが選んだ人生の選択ではなかったことが考えられる。二世が語った左記の語りにご注目いただきたい。

「特に徴兵の抵抗はなかったですよ。だってどうやって抵抗するの？ 仕方ないですよ、もうどうしようもないんだから。私は日本にいて、二重国籍で二〇歳になったんだから、どうしようもないんだよ」（青山貞雄）

「自分は日本の大学にいて、二〇歳になってしまった時、もう仕方がないと思いましたよ。だってどうすることもできないでしょ、いまさらアメリカに帰国できっこないんだし、家族にも連絡取れないんだし」（田中幸男）

「特に何もなかったですよ。その頃、二〇歳になれば男は誰でも徴兵されるわけだから。日本のためとか何とか考える前に、運命に従っただけですよ。そんな悩む暇なんかありませんよ」（岩崎マイク幸次郎）

「自分の意志は通らないでしょ。日本政府の命令だから、仕方ないと思ったですよ」（彌永克己）

「徴兵は仕方ないと思いました。戦争は殺し合いなので、喜んでいこうなどとは思わなかったですが、日本政府の命令なので従う他なかったです」（ベン斎藤）

「別に、仕方ないと思っただけです」（伊藤富雄）

「仕方がないと思ったです。（日本での）中学時代軍事教練は受けていたので、特に動揺はなかったです。仕方がない、どうしようもないと思いました」（フランク平田）

「私は中学を卒業すると、徴兵がくるのを待っていたです。私は養子になるために日本にきたので、日本人になるつもりでしたから、徴兵は仕方ないと思いました」（ピーター佐野）

「まあ、時代の流れに逆らうわけにもいかず、アメリカに帰るわけにもいかずって感じですよ」（フランク大下）

「まだ私も一〇代で若かったし、あまり深く考えることもできず、兵隊になるしかなかったですね」（ジミー松田）

「そんな、当時の日本に逆らっても、どうしようもないでしょ。（日本の）兵隊になるのは嫌だったけど、国の命令だからしたがっただけです」（北田輝明）

このような語りが当事の二世の心情を端的に表わしているのではないだろうか。「日米戦争」「二重国籍」「徴兵」とすべて彼らには選択の余地はまったくなかった、動かしがたい現実なのである。

戦争は日本の外交手段であり、二重国籍は日米政府の作った法律であり、同じく徴兵も法律なのである。彼らには、そこで踏みとどまり、思考する余地などまったくなかったのではないか。

仮に現在の日本のように、自分の人生は自分で選ぶことが可能である世の中であった場合はどうであろう。

もちろん、人によってはまったく選ぶ余地のない人生を送る場合も事例としては存在するであろうが、それはあくまでも稀である。人それぞれ人生の分岐点で、どちらの進路を進むべきか大いに悩むことは常である。

どちらがその後の人生において正解であったのかは、誰も分かり得ないことだ。故に、人はその分岐点で悩む。そして時が過ぎて、その選択が正しかったか否か判断する。もしその判断が後日、本人の不幸をもたらしたとしたら、人は後悔するのである。

しかし、戦中の滞日二世たちは、それら選択の余地はまったくといってなかった。自分の生まれ育った母国、アメリカに銃を向けざるを得なかったとしても、それは彼らの選んだ手段ではない。日米戦争という悲劇が彼らに降りかかっただけなのである。それは「誰にも選ぶことのできない、どうしようもない現実であり、歴史」であった。

4　「しかたがない」思想

二世の口からさかんに発せられるのは「しかたがない」という言葉である。日本人には伝統的に、「しかたがない」といった諦観の観念があると思われる。アメリカ人の日本文学研究では第一人者であるコロンビア大学名誉教授、ドナルド・キーン氏はかつて、テレビ番組でこのように語った。

「日本民族は、時として諦めが早いというか、何か大きな流れに対して、あまり抵抗しようとしないんですね。日本語で仕方がないって言葉がこれを象徴してるんですね。欧米人などは、納得がいかないことがあると、納得いくまで抵抗する傾向にあると思うのですよ。ところが、日本人はけっこう諦めが早いのではないですか」

このように、日本人は大きな歴史の流れに直面した時、あまり抵抗しないといった傾向にあるといってもよいのではないだろうか。「しかたがない」という概念によるものと思われる。

本文の二世はアメリカ生まれではあるが、両親は日本人であり、このような日本人的思想が心の内面に存在しているのではないかと考えられる。

5　戦争の重さ

それでは、彼らの心情の背景にあるものは一体何であろうか。かつてアイデンティティを喪失したであろう、アメリカやブラジルからきた私の友人の日系人たちと比較して、どうであったのか。

長期間にわたる聞き取り調査をした結果、私にはある一つの大きなことを実感した。それは、平常時では想像もつかなかった「戦争」という事実である。

日本では戦後六〇年以上経過しており、戦中世代と呼ばれる人々もどんどん減ってきている。戦争に兵士として出兵していった人々もすでに八〇歳以上となっており、もはや彼らは人生の終盤を迎えようとしている。

日本人にとって、戦争という切実感は乏しいのではないだろうか。最近勃発した、イラクにおけるアメリカ軍を中心とした連合軍の戦いは過酷な戦争といってもよいだろう。語弊があるかもしれないが、しかしあの太平洋戦争の凄まじさとは比較にはならない。イラクで多くのアメリカ人兵士は戦死している。しかしその数は何万人といった単位ではなく、数千人である。三年八か月続いた太平洋戦争では、日本軍兵士は二百数十万人も戦死した。アメリカ兵にしても数十万人は戦死しているのである。太平洋戦争は歴史上、他の戦いとはまったく比べようがないほど凄まじい戦争であった。

このような過酷な太平洋戦争を前にして、二世たちは歴史が起こした運命を享受せざるを得なかったのだ。そこにはまったく選択の余地のなかった二世たちの運命がある。

そこにはあまりにも重い戦争という現実を、私は強く考えさせられた。

「日本軍兵士になった日系アメリカ人の心の中には、このような葛藤と苦悩を思う余裕もなく、自らのアイデンティティを喪失する余裕すらなかった」と私は思わざるを得なかった。

アイデンティティの喪失とは、あくまでも平常時の出来事ではないであろうか。戦争という過酷な現実を前にして、二世たちは葛藤や苦悩などという言葉では表現できない、別次元の諦めに似た心情しか持ち合わせることしかできなかったと思われる。

それは、平常時に起こり得るであろう様々な心情をすべて越えて、悩む余地などなく、厳しい現実を享受せざるを得なかったのである。

やはり、「戦争」はあまりにも重いものだということが、私には再認識できたのであった。

エピローグ

私の「日本軍に兵士になったアメリカ人」への強い関心は二〇年以上に及び、何とか彼らに会って話をじっくり聞きたいものだという強い願望があった。

会社経営を辞め、大学院に入学し本格的に取材、調査に入ろうと思ったが、果たして対象者は見つかるのか否か、疑心暗鬼だった。

彼らはもう高齢であるし、広いアメリカや日本のどこに居住しているのか、どうやって彼らを探し当てるのか、とにかく不安材料ばかりであった。

しかしながら、プロローグで述べたように、ピーター佐野氏に送った手紙を契機に、一気に対象者を見つけることができた。佐野氏から数名の対象者をご紹介していただき、そしてその対象者たちは他の対象者を次々に紹介していただくといった、大変幸運な結果となった。

アメリカ本土、ハワイ、カナダ、日本国内と私は取材に走り、莫大な経費をも費やしたが、自分の人生の大きな目標＝ライフワークは実現できた。

ロスアンゼルス在住のフランク平田氏は、私にこういった。自身も元日本軍二世兵士である。

「最初、日本の大学院生が日本軍に従軍した二世を探しているという話を聞いた時、ああ若い学生がやっていることだから、まあ大したことではないだろうと思ったんですよ。でも、あなたが中年で、聞くところによると会社経営を辞めてまで、このテーマに取り組んでいると聞いて、私はびっくりしたんですよ。そんな人が自分のライフワークとしてやっているなんて聞いて、これには深いわけがあり、私もちょっと骨を折ってみるか、って思ったんですよ」

このテーマに自分の人生を賭けて取り組んでいる、その気持ちが平田氏には通じたのである。

しかし結果として、二つの祖国で翻弄され、悩み苦しんだであろうという当初の自分の想像とは異なった語りを聞くことになった。よくよく考えれば、それは戦後生まれで戦争の実感がまったく欠如していた私の甘い考えであったようだ。

あの大戦の下で二世たちはどうすることもできず、好むと好まざるとにかかわらず、日本軍に従軍するしかなかったのだ。日本軍に入りたくない、アメリカへ帰りたいと思ってもそれは不可能なことであり、ただ時代の流れを享受するしか他に手段がなかった。

私の人生に大きく影響を与えた『帝国海軍士官になった日系二世』の主人公、山田重夫氏

浴本正生

は取材する直前に、残念ながら鬼籍に入られ、彼の気持ちを聞くことはできなかった。山田氏は戦後、日本航空の設立に尽力され、要職を勤められた。

彼の親友であった二世の浴本正生氏は、このように語った。

「山田君も、〝大和特攻〟に引っ張られ、本当に大変だったと思う。ましてや目の前で同僚の二世が壮絶な死をとげたので、それは心中複雑だったんだろうね。戦後、彼が日本航空で一生懸命働いたのも、そんな辛い体験が原点にあったからかもしれないですね」

「戦時下、滞日日系二世の集い」

私は二〇〇四年一〇月、東京において「戦時下、滞日日系二世の集い」という催しを開催した。これはすべて私が企画、発案、実行し、和文、英文の案内書の作成から出席の確認他すべて行なった。また当日にいたっては、私の無能さから、何から何まで自分で管理、実行し大変な気苦労を強いられた。

戦争中、日本にいた日系二世といえば、もうすでにみな高齢で八〇歳を過ぎており、一体、

「戦時下、滞日・日系二世の集い」2004年10月、東京渋谷にて

何人の方に集まっていただくことができるのか不安であった。

しかし、このような集いは戦後初めての開催ということもあり、国内はもとより、アメリカからも多くの二世のみなさんにお集まりいただくことができた。アメリカから車椅子に乗ってこられた方も二名いた。

ご出席いただいた二世には女性も何人か含まれており、日本軍兵士となった方ばかりではない。中には、アメリカ軍への謀略放送に協力させられて、後の「東京ローズ」と同じような仕事を受け持つはめになりそうだった女性も出席された。同様に、アメリカ国籍だけで日本国籍は持ち合わせていなかったため、徴兵を免《まぬが》れることができたが、日本軍属となり、アメリカの電信傍受に加担させられた男性の二世も数人いらっしゃった。

戦中、アメリカ本土で実施された日系人の強制収容のことや、日系人部隊に関することはよく知られているが、一方、戦中日本には多くの日系アメリカ人が自己の意思とは無関係に滞在していたという事実はあまり知られていない。

私が一番感動したことは、二世たちの生き生きとした表情、笑顔と、私への感謝の言葉であった。失礼ないい方になってしまうかもしれないが、それは人生の終焉近くを迎え、戦中、日本に残らざるを得なかった彼らの存在が世間に若干でも知られたことへの喜びであると思われた。

集いが終わっても、ほとんどの二世は会場の外に残り、みなと話し続け、帰ろうとはしなかった。最後は会場側の担当者に何度もお願いをされて、ようやくみなが会場をあとにしたのであった。

いろいろな気苦労は多かったが、私は本当にこの会を催してよかったと思った。

「元日本軍二世兵士と、元MIS兵士のみなさんの集い」

私は東京で実施した「戦時下、滞日日系二世の集い」に続き、二〇〇五年八月、アメリカのロスアンゼルスにおいて、「元日本軍二世兵士と、元MIS兵士のみなさんの集い」という会合を開催した。

これはアメリカに在住している元日本軍兵士になった二世の方々と、かたや敵対したアメリカ軍情報部の元兵士（MIS）だった二世のみなさんとの戦後初めての集いである。

2005年８月、ロスアンゼルスでの元日本軍兵士と元ＭＩＳ（米軍情報部）との会合

かつて敵同士として戦った人々との集まりとなったが、両者ともアメリカ生まれ育ちの日系アメリカ人二世である。

この集いも、もちろん戦後初めてのことであり、様々なメディアの方々が数十人は集まった。主役である元兵士のみなさんより、マスコミ関係の数の方が多かったような気がする。冷静に考えれば、二世同士が日米両軍に別れて戦ったという事実は、一般の人々にとって頭では理解できても、心の中では理解を超えていたことのようだった。

本文でも書いたように、兄弟で日本軍とアメリカ軍に分かれて戦った二世たちは多く存在している。この集いに出席された元ＭＩＳ兵士のドン岡氏は、帰米二世であるが、一九四四年夏、北マリアナ諸島、テニアン島の日本軍玉砕時に米兵として同島で戦っていた。

かたや、実弟の武夫氏は兄と一緒に日本に渡ったが、彼だけ残って開戦後、日本陸軍に徴兵された。そして日本陸軍航空隊の飛行兵として、同時期に同島で壮烈な戦死を遂げた。同じ場所において兄弟で敵味方に分かれて戦い、弟は亡くなってしまったのだ。

その時の心情をこの集いの席で発表されたが、多くの出席者からはため息とともに同情の声も聞かれた。たとえ、兄弟であろうと、たまたま日米開戦時にいた国で、日米両軍に分かれて戦わざるを得なかったのだ。

このような一種の戦争秘話は、アメリカでも日本でもほとんど知られていなかった。しかし、この集いの一部始終はメディアでも紹介されたお陰で、アメリカでも少しは認知されたのかもしれない。もし、そうであればそれは私の本望であり、これ以上の喜びはない。

謝辞

五年に渡る取材では本当に多くの方々に協力をいただいた。五〇名以上の元日本軍二世兵士の方々からじっくりお話を聞くことができたが、本文に掲載できたのはほんの少しの方であり、一番心残りなことは、他の二世の方々に関するストーリーを掲載できなかったことである。紙面上やむを得ないにしても、至極《しごく》心残りである。どの方もそれぞれドラマティックな戦争体験をされており、世間に知らせることができないのは、残念である。

他にも一〇〇名前後の二世の方々とお会いすることができた。みなさんは私の取材、調査に深い理解をいただき、多くの励ましのお言葉をも頂戴した。

次の方々にはとりわけ厚くお礼申し上げるしだいである。

在アメリカの二世の方々

ピーター佐野、フランク平田、岩越克利、マイク岩崎、甲斐義夫、田中幸男、トミー松本、ベン斎藤、ハリー福原、フランク大下、ジャック福田、セドリック志茂、レイモンド原田、ジム吉田、彌永克己、秀則夫、伊藤富雄、平田英雄、阿久根二郎、阿久根三郎、阿久根四郎、佐伯進、龍見輝義、ビル西村、ジミー松田、北田輝明、ヘンリー村田、下垣義男、マイク藤沢、ドン岡、堀当、ヘンリー安田、サム宮本、大森馨一、ケイ佐藤、ヘンリー下野、倉本健二（以上、敬称略）

在日本の二世の方々

浴本正生、青山貞雄、西村克哉、フランク福原、蔦川善健、田端章子、田端繁、川本稔、ロバート川本、ウォーレン岩竹、小篠輝雄、竹下幸男、保田義之、吉田清、山田定（以上、敬称略）

この中には、すでに鬼籍に入られた方も何人かいる。ご冥福をお祈りするばかりである。

また、次の方々には本書を執筆するにあたり大変お世話になった。列挙させていただき、感謝を申し上げる（敬称略）。

マーサ・ナカガワ（在米フリージャーナリスト）、セドリック・シモ（全米日系人博物館名誉会員）、大野芳（作家）、上辻裕己（NHK報道部）、村井忠正（名古屋市立大学名誉教授）、荒川晃（名古屋外国語大学名誉教授）、小沼英明（日系二世研究家）。そして日米タイムズ、北米毎日新聞、火曜雑記のみなさま。

取材にあたりお世話いただいたすべての方々の名前を挙げて、書面で感謝を述べなければならないが、紙面の都合上それも不可能であるため、この場を借りて非礼をお詫びしたい。

付記

街の木々が、紅く染まり始める一一月初旬。

私はアメリカ西海岸の現地時間を確認した後、震える手で受話器のダイヤルボタンを押した。

電話のコールが数回続く。

「ハロー」と、ややしわがれた老人の声が聞こえた。私は倉本重明の弟、健二本人だと確信した。

私は日本語で「日本の門池でございますが……」というと、「はいはい、どうも初めまして、お手紙いただきましたよ」と、明るい声で明確な日本語が返ってきた。

私は十数年間探し続けた人に、ようやくたどり着くことができた。

一九九五年、私はカナダ出張からの帰り、カナダ航空の機上でノンフィクション、『帝国海軍士官になった日系二世』を読んでいた。私が長年高い関心を持っている二世の自伝である。アメリカで生まれ育った倉本重明は、一九九五年四月、戦艦「大和」を旗艦とするいわゆる「大和特攻作戦」に参戦し、アメリカの戦闘機の機銃掃射で頭をぶち抜かれ、九州南方の海上で散華した。

母国の銃弾に倒れた倉本は一体、どんな気持ちだったのだろうか。私の彼への思いは強かった。私の人生をも大きく変えた人となった。

一九八〇年代、私は日本に留学にきていた日系アメリカ人やブラジル人と深く交流する機会があり、素朴で、温かい心を持った彼らにすっかりのめり込んでいた。

しかしその昔、太平洋戦争前に多くの日系アメリカ人が来日していて、日米戦争に巻き込まれ、苦労していたということを知った。また戦中、多くの日系二世男子は自分の意思とは無関係に日本軍に徴兵され、母国アメリカと戦ったのだった。そんな事実を知って、私は戦時下、日本にいた日系二世に多大なる関心を持った。

その後、バブル経済真っ最中の時、浮かれていた私は事業拡大に成功し自分を見失っていた。

しかし、そんな時はあっという間に過ぎ去り、バブル経済崩壊がやってきた。私は経営者として無能である自分に気づき始めていた。売り上げの減少と赤字続きの決算。取引先の倒産、不渡り、夜逃げ、そして取引銀行からの厳しい借り入れの返済要求。私はすっかり自分に自信をなくしていた。私には、毎日が銃を持たない戦争のようなものだったかもしれない。そんな厳しい試練の時でも、私の心の中には戦争中の日系二世のことが常にあった。とりわけ、「大和特攻」に従軍して母国アメリカの銃弾に散華した倉本重明のことが忘れられなかった。自分のビジネスと戦死した倉本とはまったく無関係ではあるが、私の心の底には常に相反するこの二つが存在し、ジレンマの日々であった。

逆に、ビジネスが厳しくなればなるほど、彼への思いは深くなっていたかもしれない。一体どんな思いで亡くなったのだろうか……と。こんなビジネスをやっているよりも、日系人のことを研究することが、神さまが自分に与えた義務なのではないか、などと思い始めた。

倉本の戦死がきっかけとなり、紆余曲折の上、何とか会社経営を知人に譲ることができた。そして大学院に入り、日系二世の研究を始め、国内はもとより何度も渡米して、多くの日系人との面会を果たした。

しかし気がかりだったのは、亡くなった倉本の弟、健二のことだった。前述の本の最後に倉本の遺書ともいうべき内容の手紙が紹介されていたが、そこには二つ歳下の弟がいるということが書かれていたので、私はその弟にぜひ会いたかった。戦死した倉本の気持ちを知るには、家族から聞くのがよいと思った。しかし、両親の出身の広島ではすでに倉本家が途絶えていて、手がかりがつかめなかった。

一三年後、弟、倉本健二が戦後帰米した後の住所がようやく判明した。そこはサンフランシスコ郊外である。しかし戦後六〇年以上経ているので、存命か否か甚《はなは》だ疑問だった。仮に存命だとすれば、八〇台半ばの歳である。しかし私はまず、その住所に手紙を送ってみることにした。

一週間後、手紙に書いておいた私の電子メールに、何と、いきなり健二からメッセージが届いた。私は反射的に国際電話をかけた。

「いやー、もう戦後六〇年以上も経って、こんなにも兄のことを想ってくれている人がいるとは思いもしませんでした」

健二は驚いていた。私も、弟が元気で生きているという事実に驚いた。タイムマシンに乗って、六〇数年前に戻ったような感じである。

私は感無量であった。

会ったこともない一人の日系二世の死が私の人生を大きく変え、存命すら不明であった弟と、こうして話している事実が、私にはあまりにも感動的であった。

私は感情を鎮めるのに必死だった。初めて話す人に失礼だと思った。

長電話の後、近々アメリカで会うことを約束して受話器を置く。

その瞬間、私はあふれ出る涙を、抑えることができなかった……。

これで、私のライフワークは完成する。

窓からは紅葉しかかった木々が、秋の優しい光を受けていた。

〔参考文献〕

日本語文献

ジム吉田著『ジム・吉田の二つの祖国』文化出版局、１９７７。

デイ多佳子著『日本の兵隊を撃つことはできない』芙蓉書房、２０００。

メリー・キモト・トミタ著、池田比佐子訳『ミエへの手紙』朝日新聞社、２０００。

外務省史料館『日系外人関係雑件』外務省、１９３０-４０。

移民研究会編『戦争と日本人移民』東洋書林、１９９７。

村井忠政編『トランス・ナショナルアイデンティティと多文化共生』明石書店、２００７。

佐野巌著、佐野みな子訳『シベリア抑留１０００日』彩流社、１９９９。

袖井林二郎著『私たちは敵だったのか』岩波書店、１９９５。

筒井正著『一攫千金の夢』三重大学出版会、２００３。

立花譲著『帝国海軍士官になった日系二世』築地書館、１９９４。

渡辺文夫著『異文化接触の心理学』川島書店、１９９５。

山崎豊子著『二つの祖国　上・中・下』新潮社、１９８３。

吉田亮編『アメリカ日本人移民の越境教育史』日本図書センター、２００５。

英文文献

Niiya, Brian, Encyclopedia of Japanese American History, L.A., 1994.
Hosokawa, Bill Broom, Leonard Japanese American Family in the World War II, L.A., 1956.
Kiyota Minoru Beyond Royalty, Honolulu, 1997.
Stephan, John J.Hawaii Under The Rising Sun, Honolulu, 1984.

【著者プロフィール】
門池啓史（かどいけ・ひろし）
昭和52年、慶応大学卒業後、中小企業の経営に十数年携わる。バブル経済崩壊後、知人に経営を譲る。その後大学院に入学し、修士課程を経て博士課程に在籍しながら大学講師も勤める。移民、戦史研究のほか、国際交流にも携わる。趣味はフライフィッシング、ジャズ鑑賞。愛知県出身。
現住所　〒463-0812　名古屋市守山区笹ヶ根3-710
電子メール　kadotrout@hotmail.com

日本軍兵士になったアメリカ人たち

2010年 2 月24日　第 1 刷発行

著　者　門　池　啓　史
発行人　浜　　　正　史
発行所　株式会社　元就《げんしゅう》出版社
〒171-0022 東京都豊島区南池袋4-20-9
サンロードビル2F-B
電話　03-3986-7736 FAX 03-3987-2580
振替　00120-3-31078
装　幀　純　谷　祥　一
印刷所　中央精版印刷株式会社
※乱丁本・落丁本はお取り替えいたします。

ISBN978-4-86106-184-4　C0095

エドワード・P・スタッフォード　井原裕司・訳

空母エンタープライズ（上・下巻）THE BIG E

〝ビッグE〟の生涯。「アメリカがこれまで建造した中で最も勇敢で、一番戦果を挙げた軍艦の、信じられないような履歴を手に汗握るように描写」（ライフ）

■定価各二四一五円

エドウィン・P・ホイト　井原裕司・訳

ガダルカナルの戦い

アメリカ側から見た太平洋戦争の天王山。日米対照ガ島攻防戦。

日米戦争の凝縮された戦争ガダルカナル。米軍の物量と合理主義の前に破れ去った日本軍の体質と戦略戦術の思想。青い目が捉えた死闘の全貌。

■定価二一〇〇円

V・E・タラント　井原裕司・訳

戦艦ウォースパイト

第二次大戦で最も活躍した戦艦

「世界の海を舞台として戦われた第二次大戦の幾多の海戦において、もっとも華々しい活躍をした軍艦の艦名を唯ひとつだけ挙げよ、と問われた場合、その答は本書の主人公たるイギリス戦艦ウォースパイトである」（三野正洋）

■定価二一〇〇円

深沢敬次郎 著
船舶特攻の沖縄戦と捕虜記
これが戦争だ！ 第一期船舶兵特別幹部候補生1890名、うち1185名が戦病死、戦病死率63％——知られざる船舶特攻隊員の苛酷な青春。慶良間戦記の決定版！
■定価一八九〇円

森嶋雄仁 著
大東亜戦争の秘密
近衛文麿とそのブレーンたち
大東亜戦争とは、一体どんな戦争で、その本質は何であったのか。そこにはどんな仕掛けがあり、どんな陰謀があったのか。歴史の闇に葬り去られた衝撃の真実。
■定価一五七五円

那須三男 著
るそん回顧
ある陸軍主計将校の比島戦手記
ルソン戦線の墓碑銘！
弾なく食なく、銃砲撃を浴び、アメーバ赤痢やマラリヤに斃れた日本兵の「白骨街道」——米軍捕虜収容所で書き記した地獄の戦場リポート。
■定価一八九〇円